URBÉLISE
ET
LANVAL,
ou
LA JOURNÉE
AUX AVENTURES,
COMEDIE - FÉERIE

EN TROIS ACTES ET EN PROSE;

Repréſentée, pour la première fois, à Paris, ſur le Théâtre du Palais-Royal, le Mercredi 30 Avril 1788.

Par M. DUMANIANT.

Prix 1 liv. 10 ſ.

A PARIS,

Chez { GATTEY, Libraire au Palais-Royal, Nº 13 & 14.
{ Et chez l'Auteur, rue de Rohan, Nº 38.

M. DCC. LXXXVIII.

L'Ouverture, les Entre-Actes & les Airs de Danse, sont de la composition de M. Dupré, Maître de Musique du Théatre du Palais-Royal. C'est à lui qu'il faut s'adresser, si l'on desire s'en procurer une copie.

PERSONNAGES.

ACTEURS.

URBÉLISE, *Fée,*
amante de Lanval, Mme Roubeau Vermily;

LANVAL, *Chevalier, Amant*
d'Urbélise, . . . M. St Clair.

CLORINDE, *Reine de Gra-*
duel, Mlle Foreft.

LE COMTE DE CLAREN-
CE, *Amant de Clorinde,* M. Valois.

ARLEQUIN, *Ecuyer de Lan-*
val, M. Bordier.

FLORINE, *Suivante de la*
Fée, Mlle Vermont.

NISIE, *Suivante de la Reine,*
Femme d'Arlequin, Mlle Fiat.

ALFARD, *Prince Anglais,* M. Michot.

UN HÉRAULT D'ARMES, M. Juclier.

HIRON, SOLDAT, M. Verville.

UN GEOLIER, M. Beaulieu.

GARDES, SOLDATS, DANSEURS.

La Scène est tantôt à Graduel, tantôt dans
une Forêt aux environs, ou dans le
Palais de la Fée.

a ij

LE Rôle d'Arlequin peut être joué en
Ecuyer. On le nommerait Marforio. Son
coſtume ſerait à - peu - près celui de La-
hire dans la Fée Urgéle. Les Variantes
que ce changement exigerait , ſont trop
peu importantes pour qu'il ſoit néceſſaire
de les indiquer.

PRÉFACE.

UN de mes amis, M. MONNET, avait fait, d'après un joli conte de M. IMBERT, une Comédie Féerie, ayant pour titre ARTUS & LANVAL. Sa Piece intéressante par le fond, était semée de détails fort agréables, & de Vaudevilles pleins de sel & d'esprit : c'est d'après son ouvrage & avec son agrément, que j'ai composé celui-ci. Le genre que mon ami avait adopté, ne lui avait pas permis de donner à son sujet toute l'extention dont il était susceptible. En calcant mon plan sur le sien, j'ai ajouté des Rôles nouveaux qui ont agrandi l'intrigue. J'ai imaginé les Personnages d'Alfard, de Clarence & l'Épisode entier d'Arlequin déplacé sans doute dans une pareille intrigue, mais nécessaire à notre Théâtre, où un peu de gaieté ne gâte jamais rien. Le Rôle de la Reine, qui n'était que secondaire dans la Piece de M. Monnet, est devenu un des plus importants

a iij

de la mienne, Entraîné dans une re-
fonte générale, ce qui est indifpen-
fable lorfqu'on change les données
principales, il m'a été impoffible de
faire ufage d'une infinité de jolies
chofes qui étoient dans la Comédie
de mon ami ; mais j'aime à avouer
que je lui dois beaucoup. Le premier
mérite d'un ouvrage, eft l'invention
du fujet. Il eft plus facile d'ajouter
des idées, aux idées d'un autre, que
d'en créer foi-même une nouvelle.

Si j'ai travaillé fur ce fond, c'était
dans l'unique deffein d'ajouter à notre Répertoire une Piece, dont j'ef-
pérais que l'effet pourrait être avan-
tageux à l'entreprife, fans être défa-
gréable au Public. Je n'ai pas été
tout-à-fait trompé dans mon attente,
& je fuis trop payé de mon faible tra-
vail, auquel je n'ai pas l'amour propre d'attacher une grande importan-
ce. On a bien voulu ne pas porter
fur cette Piece l'examen d'une cri-
tique rigoureufe : elle n'aurait pu le
foutenir. Y chercher plus que je n'ai
pr...ndu y mettre, eût été une in-

juſtice. Dans un ouvrage de ce genre, l'Auteur en s'affranchiſſant des règles, ne ſe promet pas beaucoup de gloire du ſuccès, & lorſqu'il a excité la curioſité, amuſé l'eſprit, diſtrait les yeux, & intéreſſé quelquefois, il a à peu près rempli ſa tâche.

Juſqu'à préſent, le Public a bien voulu accueillir tous les ouvrages que j'ai hazardés. On m'attribue aſſez communément la plupart de ceux qui tombent. Rien de plus naturel, perſonne ne les réclame, on me les adjuge, & je me conſole ſans peine de ce léger déſagrément. J'ai été heureux juſqu'à préſent; mais la mer où je vogue eſt très-fertile en naufrages, & lorſque j'aurai éprouvé le ſort qui m'attend, & auquel tout Auteur doit ſe réſigner, aulieu de me déſoler de l'aventure, je raſſemblerai toutes mes forces pour eſſayer de prendre ma revanche, & mériter de nouveau les encouragemens du Public. Dans cette Comédie comme dans celle de l'Amant femme - de - Chambre & celle des deux Couſins, qui ſont les dernieres que l'on a jouées

de moi, j'ai foigné mon ftyle autant
que je l'ai pu, pour prouver aux critiques honnêtes qui ont quelquefois
daigné parler de mes faibles eſſais,
que je ſais profiter des avis qu'ils me
donnent. On me permettra cependant de ne pas compter abfolument
au nombre des critiques bien honnêtes, le rédacteur du Mercure, quant
à l'article des Spectacles, qui ſem-
ble avoir pris à tàche de rabaiſſer le
nôtre, chaque fois qu'il en peut ſai-
ſir l'occaſion. Je dirai à ſa louange
qu'il ne manque jamais d'adreſſe pour
la faire naître, & pour faire de vigou-
reuſes ſorties contre nous pauvrets
qui n'inſultons perſonne. Tantôt il
en veut aux Acteurs, tantôt au Public qui nous accueille, & tantôt en
une ſeule phraſe il juge toutes les
Pieces de notre Répertoire. On a
beau, en écrivant, s'obſerver ſur les
bienſéances Théatrales, éviter les
jeux de mots, les calembours, les
plates équivoques : les Directeurs ont
beau s'abſtenir de recevoir des Comé-
dies, dont le ton ne conviendrait
plus aux Spectateurs du Palais-Royal,

retrancher peu-à-peu les anciennes, dont le plus grand défaut souvent eſt d'être d'un genre bas & trivial : peines perdues ! le cruel n'y prend pas garde, il va toujours ſon train ; c'eſt un parti pris : il a juré notre perte. Notre procès eſt toujours fait d'avance, & ce n'eſt plus qu'en tremblant que j'oſe ouvrir le Mercure, chaque fois qu'il paraît, tant je redoute d'y trouver l'arrêt irrévocable de notre proſcription. Sans doute tout Paris ne lit pas ſes articles ſavants, & pleins d'éloquence. Notre Salle ſerait déſerte à coup ſûr, où ſi l'on venait nous voir encore, l'on n'oſerait plus s'égayer à nos repréſentations, ſans redouter la verte ſemonce de cet impitoyable Ariſtarque.

J'eſpère que l'on me pardonnera cette légere récrimination. Quand on eſt calomniés ſans relâche, au moins faut-il ſe juſtifier une fois en la vie. Ami de la Paix, je n'en veux point à M. le Rédacteur. Son zèle pour la bonne cauſe l'a ſans doute entraî-né trop loin. Il nous voit avec des yeux prévenus. Et voilà certainement

la raifon de fon injufte févérité. Je
m'obferverai de plus en plus dans les
ouvrages que j'oferai rifquer encore,
pour le forcer, non à rendre juftice
à mes talens : je m'en crois très-peu ;
mais pour qu'il apperçoive au moins
la pureté de mes intentions. Quelques jeunes gens qui ne manquent
pas d'efprit, & qui comme moi bor-
nent leur gloriolle à amufer par des
ouvrages fans conféquence, les Spectateurs bénévoles qui nous encoura-
gent, m'ont promis de me feconder
dans cette louable entreprife. Si malgré nos efforts, les attaques recom-
mencent. Quel parti prendre ? celui
de nous mettre fous la protection du
Public, qui paraît aimer notre Spectacle. Nous ne nous croirons point
tout-à-fait malheureux, tant qu'il
abondera à nos Repréfentations,
que nous aurons l'avantage de l'in-
térefler quelquefois, & fur-tout de
le faire fouvent rire, ce qui peut
être compté pour quelque chofe.
Quoi qu'en puifle écrire, fans le penfer fans doute, Monfieur le Rédacteur.

URBÉLISE

ET

LANVAL,

COMÉDIE-FÉERIE.

ACTE PREMIER,

SCENE PREMIERE.

Le Théatre repréſente une Forét.

FLORINE, URBÉLISE.

FLORINE.

MADAME, je vous ſuis dans cette forét, depuis un quart d'heure, ſans que vous daigniez me dire un ſeul mot du deſſein, qui, dès le lever de l'aurore, vous fait renoncer aux douceurs du repos. Daignez me répondre, puiſſante Urbéliſe:

je suis curieuse, vous le savez; vous n'avez jamais eu avec moi cette réserve qui m'inquiete. Vous ne voulez pas l'avoir, sans doute, puisque vous échappant à l'éclat qui vous environne, vous m'avez ordonné de vous suivre dans ce lieu désert.

URBELISE.

Florine, vois-tu au bout de cette vaste plaine ce Chevalier, qui, tout pensif, se laisse guider par son coursier, qui suit lentement le sentier qui mene vers ce séjour?

FLORINE.

Les yeux d'une Fée valent mieux que ceux d'une simple mortelle; cependant je distingue, je crois, deux personnes à cheval, mais bien éloignées encore. Les rayons naissants du soleil sont réfléchis par l'armure brillante du premier; mais l'habit de l'autre m'offre l'assemblage confus de cent couleurs différentes.

URBELISE.

Ce Chevalier, c'est Lanval, ce guerrier si célebre par ses victoires. Il quitte Graduel, Ville fameuse de la Bretagne, dont ses ennemis l'ont fait bannir; il va sous un ciel nouveau chercher des aventures & la gloire. Il joint à la valeur la grace qui l'embellit encore. Son cœur est fier, mais généreux, & fait pour l'amour. Ses rivaux le voient partir avec joie; mais plus d'une belle va soupirer de son absence. Il les quitte sans regret, pour trouver celle qui regne déja sur toutes ses pensées.

FLORINE.

Vous prenez intérêt à ce Chevalier !

URBELISE.

Je ne veux plus avoir de secret pour toi.
Te souviens-tu, Florine, de ce dernier
Tournois où l'on vit l'élite des plus fameux
Chevaliers de la France & de l'Angleterre.

FLORINE.

Oui, Madame.

URBELISE.

Te rappelles-tu ce jeune Guerrier aux
armes d'or & d'azur, qui remporta tous les
prix, qui ne cessa de vaincre que lorsqu'il
cessa de se présenter de nouveaux adver-
saires.

FLORINE.

Oui, Madame.

URBELISE.

Modeste au sein de la gloire, il n'en parut que plus aimable. Hélas ! Florine, soit
l'effet du courage de Lanval, soit que le
moment d'aimer fût venu pour moi, je ne
pus être témoin de ses hauts faits sans m'y
trouver sensible. Je tressaillais de joie toutes
les fois que les cris du Peuple & les clairons
annonçaient son nouveau triomphe.

FLORINE.

Je m'en souviens, Madame.

URBELISE.

Inconnue dans la foule, je fus vingt fois
tentée de me montrer environnée de tout

l'éclat de mon rang, pour fixer ses regards; mais aucune belle ne semblait attirer les siens, & comme je me crus sans rivale, j'échappai peut-être à l'affront d'avoir fait un vain étalage de toute ma puissance.

FLORINE.

Ah! ma belle Maîtresse, il suffit de vos attraits pour charmer; & si Lanval eût pu percer le voile qui vous dérobait à tous les yeux, vous l'eussiez vu bientôt perdre son indifférence, & porter à vos pieds, & ses lauriers, & son hommage.

URBÉLISE.

Ce qui fait en cet instant ma joie & mon espoir, c'est de penser que mon Chevalier, en m'aimant, ignore également, & ma puissance, & la fortune dont je puis le combler.

FLORINE.

Il vous connaît donc?

URBÉLISE.

Il me connaît sans me connaître.

FLORINE.

Voilà quelque tour de féerie.

URBÉLISE.

Écoute-moi. Il rentrait chez lui accablé de sa gloire, qui ne lui donnait que l'ombre du bonheur. Livré à une douce mélancolie, son cœur ignorait encore, mais désirait l'amour. Ses yeux irrésolus cherchaient à se fixer sur quelqu'objet, lorsque je fis tomber à ses pieds une miniature, où tous mes traits étaient retracés avec la plus grande vérité.

FLORINE.

Que ce portrait devait être joli !

URBELISE.

Je ne sçais, Florine ; mais au moins parut-il tel aux yeux de Lanval. On lisait ces mots autour du portrait :

Un jour tu la verras, sache la mériter.

Dès ce moment je vis mon cher Chevalier fixer cette image avec un intérêt qui prêtait un nouveau charme à toute sa figure. Qu'il me parut intéressant ! Ah ! s'écriait-il, ne me trompe point, fixion séduisante. Amour, fais que le modèle d'un si beau portrait existe quelque part ; je consacre mes jours à sa recherche, & mes soins à mériter son estime, si jamais j'ai le bonheur de la rencontrer.

FLORINE.

Et vous, résistâtes au plaisir de vous montrer ?

URBELISE.

Ma destinée exige que je mette mon Amant aux épreuves les plus cruelles. Il fut dit au jour de ma naissance, que si je cédais jamais à l'amour, j'étais menacée de perdre mes attraits, mon pouvoir, tout enfin, si celui qui m'aurait touchée, n'avait une fidélité que rien ne pût jamais altérer. Une seule indiscrétion, un mot hasardé doit me livrer aux malheurs les plus grands : juge, Florine, s'il est possible que je prenne trop de précautions.

FLORINE.

On a bien raiſon de dire, que le Ciel ne
nous donne jamais un bonheur ſans mélange.
Faut-il que l'on trouve toujours la crainte
à côté de l'eſpoir! Un Amant d'une fidélité
que rien ne puiſſe jamais altérer, d'une diſ-
crétion au deſſus de l'humain! gardez votre
indifférence, mon aimable Maîtreſſe, & ne
faites pas dépendre votre félicité de la re-
che d'un être imaginaire.

URBELISE.

Je le voudrais, & ne le puis. Il faut céder
à ſa deſtinée : la mienne eſt d'aimer Lanval;
mais inſtruite des dangers que je cours, je
puis au moins les éviter, en ne donnant ma
main qu'à celui qui s'en ſera rendu digne.

FLORINE.

Ah! Madame, Lanval vous aime, il pro-
mettra tout : après l'himen il oubliera peut-
être ſes ſermens. Tenez, l'Amant & l'Epoux
ſont deux perſonnes bien différentes, & ce
dernier ne ſe croit jamais obligé de tenir la
parole de l'autre.

URBELISE.

N'importe, je veux tenter mon ſort; le
Génie qui me protége, & pour qui l'avenir
n'a rien de caché, m'a donné le ſage conſeil
de me hâter. Il eſt encore, parmi les Chevaliers, des cœurs qui reſpectent toute leur
vie les ſermens de l'amour; mais ſi je laiſſe
écouler deux ſiécles ſeulement ſans me dé-
terminer, que j'attende au dix-huitieme,
par

par exemple, alors cet esprit de Chevalerie ne sera plus de mode ; on ne rendra plus à la beauté ce culte sacré qui fait adorer jusques aux rigueurs d'une inhumaine. La fidélité, la constance seront des mots où l'on n'attachera plus aucune idée.

FLORINE.

Quoi, Madame, il viendra un tems où les favoris de Mars pourront être volages, eux qui de nos jours si fiers dans les dangers, sont si soumis, si réservés auprès des belles ?

URBELISE.

Hélas! ces valeureux Guerriers se feront une gloire nouvelle ; ils ne languiront plus dans les tourmens de l'attente ; ils ne subjugueront souvent une cruelle, que pour le plaisir de l'abandonner.

FLORINE.

Et les Femmes seront-elles aussi légères ?

URBELISE.

On ne me l'a pas appris. Mais elles se garderont bien sans doute d'imiter ce dangereux exemple.

FLORINE.

Ma foi, si je vivais dans ce tems-là, je ne serais pas la dupe des Hommes, & je punirais un infidèle par une bonne infidélité. C'est que je soupçonne que rien n'est si doux que cette vengeance. Votre Chevalier, si je ne me trompe, se repose sous un arbre non loin d'ici. Quel est ce personnage grotesque qui l'accompagne ? B

URBELISE.

C'est Arlequin.

FLORINE.

Arlequin ? J'en ai entendu parler : c'est un drôle de corps. Ecoutez, ma chère Maîtresse, remettez-moi, pour la journée seulement, une partie de votre pouvoir, pour que je puisse un peu me divertir aux dépens de l'Ecuyer Arlequin.

URBELISE.

J'y consens, à condition que tu n'abuseras pas de ton pouvoir pour faire du mal.

FLORINE.

Je suis espiegle & ne suis pas méchante.

URBELISE.

Il est tems d'employer les secrets de mon art.

FLORINE.

Vous allez faire quelque conjuration ?

URBELISE.

Oh ! des plus fortes. Je vais évoquer les esprits infernaux.

FLORINE.

Les esprits infernaux ?

URBELISE.

Oui, les Furies. Retire-toi, si tu crains leur aspect.

FLORINE.

Elles vous obéissent ?

URBELISE.

Sans doute.

FLORINE.

En ce cas, je reste. Je veux voir quelle mine ont ces Furies dont j'ai tant entendu parler. Et qu'allez-vous exiger d'elles?

URBELISE.

Tu vas l'entendre.

FLORINE.

Un moment.... Les Furies!... Je suis toute je ne sais comment. Pourtant, si je veux les voir?... Allons; conjurez.

URBELISE, *après avoir décrit des cercles en l'air avec sa baguette.*

Noires Divinités, Filles des Enfers, qui présidez aux ténébreux complots, qui vous faites un jeu du crime & du malheur, qui semez la discorde & la   ine, accourez, paraissez à ma voix !

SCÈNE II.

URBELISE, FLORINE, LES TROIS FURIES.

(Une ritournelle annonce l'arrivée des Furies. Le Théatre change en même tems, & représente un obscur Souterrein.)

FLORINE.

AH! que ces Demoiselles sont laides ! Les trois vilaines figures !

URBELISE.

Courez à Graduel, secouez vos flambeaux
sur le palais de l'auguste & jeune Clorinde ;
versez dans son cœur tous les tourmens de
la jalousie. Qu'elle oublie le Comte de Clarence, dont l'himen est prêt à se célébrer.
Qu'elle adore Lanval, & que pour l'obtenir,
elle porte sa fureur aux derniers excès.

(Les Furies dansent un pas très court.)

Excitez le farouche Alfard à fondre sur
Graduel, à renverser le trône de Clorinde.
Troublez les élémens ; que de sombres nua-
ges remplacent l'azur des cieux ; que le tonnerre gronde au loin, & force Lanval à chercher un asile dans cet obscur souterrein ; mais
gardez vous de l'épouvanter par votre aspect
horrible, & rentrez à son approche dans le
gouffre affreux du Tartare.

SCENE III.

*(Les Furies exécutent une danse de caractère
sur une musique analogue. Le tonnerre gronde
avec fracas ; de nombreux éclairs brillent
par intervalle. Elles disparaissent à l'approche de Lanval & d'Arlequin, qui entrent
sur la fin du pas. Six Démons sont entrés à
la sortie de la Fée.)*

SCENE IV.

LANVAL, ARLEQUIN.

ARLEQUIN.

Sangu edimi, voici un orage bien traître : venir tout d'un coup assourdir, inonder le monde, sans dire garre.

LANVAL.

Ce souterrein nous offre un asile pour quelques instans.

ARLEQUIN.

Notre voyage ne commence pas mal. Quand on est Chevalier errant, a-t-on souvent des aventures aussi gracieuses que celles-là ?

LANVAL.

De quoi te plains-tu, d'un événement ordinaire ?

ARLEQUIN.

Nous partons hier chassés de Graduel.

LANVAL.

Chassés !

ARLEQUIN.

Priés de nous en aller ; j'ai tort. J'avais le cœur si gros de quitter ma pauvre Nisie, que j'oublie de dîner. Nous partons ; c'est bien : la nuit arrive, je me souviens alors que c'est l'heure de se mettre à table ; mais pas de souper. Nous couchons gaiment sur l'herbe.

B 3

La faim me réveille dès le poton minet : nous nous remettons en route à jeun ; & pour dernier malheur, nous sommes accueillis d'un orage épouvantable, qui nous empêche de gagner quelqu'endroit où l'on mange.

LANVAL.

Cet orage cessera, nous poursuivrons notre route.

ARLEQUIN.

Permettez-moi une question que je n'ai pas encore osé vous faire ; êtes-vous bien en finance ? car quand on ne sait où l'on va, la route peut être longue.

LANVAL.

Les hasards n'abandonnent jamais un brave Chevalier.

ARLEQUIN.

C'est-à-dire, que vous n'avez pas un double.

LANVAL.

J'ai mon amour, ma constance & mon courage.

ARLEQUIN.

Avec tout cela vous ne payerez pas une couchée.

LANVAL.

Te repands-tu de m'avoir suivi ?

ARLEQUIN.

Oh ! non ; plus vous êtes malheureux, plus je vous aime ; & pourvu que je dîne quelque fois, & que je ne me batte jamais, je vous suivrai au bout de la terre.

LANVAL.

Nous irons demander l'hospitalité au premier Chevalier que nous rencontrerons, il ne nous refusera pas.

ARLEQUIN.

J'ai entendu dire qu'il y avait de par le monde de bonnes Fées, qui protégeaient les pauvres Chevaliers errans.

LANVAL.

Que sais-tu si cette grote que nous n'avions pas d'abord apperçue, n'est pas l'ouvrage de quelque main bienfaisante?

ARLEQUIN.

Souvent ces Dames se déguisent en vieilles pour éprouver les passans : aussi moi je salue toutes les vieilles que je rencontre.

LANVAL.

La vieillesse est toujours respectable, & tout Chevalier porte écrit dans son cœur : servage fidèle à la beauté, bienfaisance aux malheureux, secours aux faibles, accueil & protection aux vieillards.

ARLEQUIN.

J'ai idée que c'est cette petite ratatinée sans dents à qui vous avez fait présent de votre dernier écu d'or, qui nous abrite dans ce moment. Puisqu'elle nous donne un logement, elle nous donnera sans doute à déjeûner. Il faut attendre. Elle avait l'air toute bonne ; & malgré ses rides & sa petite taille, on voyait que c'était une grande &

belle personne déguisée. (*A part.*). Elle va m'envoyer à déjeûner.

LANVAL.

Ne désespère pas; d'un moment à l'autre, notre sort peut changer.

ARLEQUIN.

A ça, Monsieur, encore une question en attendant le déjeûner, qui ne vient pas souvent. Dites-moi à quel terme bornerons-nous notre course?

LANVAL.

Lorsque j'aurai rencontré celle qui règne sur mon cœur.

ARLEQUIN.

L'original du portrait dont vous avez fait faire copie sur votre écu?

LANVAL.

Sans doute.

ARLEQUIN.

Et si elle est aux Antipodes?

LANVAL.

Qu'importe. Oui, divine Inconnue, je jure de ne prendre aucun repos que je n'aie contemplé vos charmes. Achevez par votre présence l'ouvrage qu'a déja commencé l'image de vos traits. Ah! s'il est possible que mes vœux parviennent jusqu'à vous, daignez vous ressouvenir de la promesse de ce portrait enchanteur. *Un jour tu la verras.* Ne trahissez pas l'espoir qui m'anime, & l'heureux Lanval saura vous prouver qu'il mérite peut-être une telle faveur.

(*Le Théâtre change, & repréfente un Palais galant.*)

A R L E Q U I N.

Sanguedimi, que ce palais eft galant !

L A N V A L.

Hé bien, Arlequin ?

A R L E Q U I N.

Hé bien, Monfieur, je commence à prendre goût aux aventures. Mais, Monfieur,
on s'occupe toujours de notre logement, &
l'on oublie toujours que je meurs de faim.

(*La Fée s'avance un inftant après.*)

S C E N E V.

FLORINE, URBELISE, LANVAL,
ARLEQUIN, *Suite de la Fée.*

L A N V A L.

Que vois-je ? quel prodige ! C'eft elle.

A R L E Q U I N.

Vivat ! notre voyage eft fini. Voici l'original du portrait.

L A N V A L.

Je doute fi je veille. Ah ! fi c'eft une illu-
fion, Dieux puiffants, faites qu'elle ne ceffe
qu'avec ma vie !

U R B E L I S E *s'avançant.*

Chevalier, d'où naît votre étonnement à
mon approche ? Raffurez - vous, je fuis

Urbélife; j'aimai toujours le courage : l'in-
juftice pourfuit vos jours ; je viens les pro-
téger.

LANVAL,

Madame, qu'a fait l'heureux Lanval,
pour que vous daigniez vous intéreffer à fon
fort? Qui a pu vous parler en ma faveur ?

URBELISE.

Vos exploits. La vertu malheureufe a des
droits facrés fur tous les cœurs fenfibles. De-
firez, & je vais combler tous vos vœux.

LANVAL.

Je ne defire plus rien : je vous vois.

URBELISE.

Vous êtes galant Chevalier.

ARLEQUIN.

C'eft qu'il eft amoureux de vous comme
tous les diables.

LANVAL.

Arlequin !

ARLEQUIN.

Puifque Madame fait tout, elle fait bien
auffi cela.

URBELISE.

Chevalier, vous rougiffez ! En a-t-il trop
dit ?

LANVAL.

Puiffante Fée ! fi votre art vous fait connaître ce qui fe paffe dans les cœurs, les
fentimens qui animent le mien ne peuvent

vous offenser. Je n'ai pu me défendre de
l'impreſſion qu'a faite ſur moi l'image de vos
charmes. Aviez-vous beſoin pour m'enchaî-
ner à jamais d'y joindre la bonté, les graces
& l'eſprit. Ce n'eſt plus l'amour ſeul, c'eſt
la reconnaiſſance qui va vous rendre juſqu'au
dernier moment de ma vie la ſouveraine de
toutes mes penſées. Ah ! ſi j'oſais écouter un
eſpoir préſomptueux, je croirais peut-être
que le haſard ſeul n'a pas préſidé à cette
aventure. Ce n'eſt pas pour faire le malheur
de Lanval que vous lui avez fait perdre ſon
indifférence. Il était réſolu de porter ſes pas
au bout de l'univers, pour jouir un inſtant
de votre préſence, pour mettre à vos pieds
ſon cœur & ſa vie. Vous comblez ſes vœux
lorſqu'il n'a rien fait encore pour le mériter.
Daignez agréer ſon hommage. Ordonnez, il
n'eſt point de périls qu'il ne tente, d'obſta-
cles qu'il ne ſurmonte pour oſer ſe dire votre Chevalier.

URBELISE.

Je ne le cache point, Lanval, cette aventure n'eſt point l'ouvrage du haſard ; je l'ai
fait naître. L'aveu que vous venez de me
faire, flatte bien moins mon orgueil que mon
cœur. Je ſais que des beautés célèbres ont
brigué l'honneur de vous mettre dans leurs
fers. Votre conquête eut d'abord pu contenter mon amour propre ; mais je ſentis
bientôt qu'un ſentiment plus tendre m'inté-
reſſait à votre deſtinée. Mais, Chevalier,

l'exemple de mille Amantes abandonnées, trahies, me fait frémir. Quelque grande que vous paraisse ma puissance, telle est la bisarrerie de mon sort, qu'un instant peut la faire évanouir, si mon Amant est infidèle ; que dis-je, infidèle ? si la moindre indiscrétion. .

LANVAL, *l'interrompant avec chaleur.*

Ah ! Madame, celui qui vous aime une fois, peut-il jamais changer ? Vos attraits sont un garant certain de sa constance.

URBELISE.

Je vous crois sincère en cet instant. J'aime à me persuader qu'en digne Chevalier vous courriez plutôt à une mort certaine, que d'offenser, même involontairement, l'objet de votre amour.

LANVAL.

Je n'en doute plus, Urbélise ; vous savez lire dans les cœurs ; puisque le mien est ouvert à vos regards, jugez-le ; est-il digne du vôtre ?

URBELISE.

Ma défiance peut vous blesser ; mais je me vois contrainte à attendre du tems les preuves de l'attachement que vous me jurez. Il m'en coûte de vous tenir ce langage ; pardonnez-le à la crainte des maux qui me menacent. J'exige plus qu'on exigea jamais. Ce n'est point assez d'être aimé ; il faut que vous renfermiez dans votre sein le secret de nos amours. Que mon nom vivant dans

votre cœur, meure, pour ainfi, dire dans
votre mémoire. S'il vous échappait une feule
fois... Ah! Lanval, j'en frémis, nous ferions
peut - être féparés pour jamais! Je fais que
vous ferez mis aux épreuves les plus cruelles;
j'en ignore l'iffue. Toute ma félicité va dépendre de vous. J'abandonne mon fort à
votre courage, à votre fidélité; ne trompez
point l'efpoir d'Urbélife. Ah! je le fens, fi
vous me trahïffiez jamais, de toutes les per-
tes que je puis faire, celle de votre cœur
ferait pour moi la plus fenfible.

LANVAL.

Urbélife! je pourrais vous trahir? moi!
Ah! fi le ciel fait dépendre votre bonheur
de ma conftance, de ma difcrétion, ne re-
doutez jamais les caprices du fort. Je ne defire à préfent que les occafions de fignaler
mon zèle & ma fidélité. Que n'oferai-je pas
entreprendre, guidé par mon amour! Je puis
fuccomber dans les épreuves; mais j'emporterai du moins au tombeau la gloire d'avoir
gardé mes fermens, & celle d'y être honoré
des regrets d'Urbélife.

ARLEQUIN.

Je me rends la caution de mon Maître;
c'eft la perle des Chevaliers. Mais, Madame,
fi, fans vous offenfer, j'ofais vous dire que
nous fommes à jeun depuis je ne fais com-
bien de tems. Parler amour, c'eft bien beau;
mais un bon repas, c'eft bien bon quand on
a faim; & puis on peut fort bien continuer
la converfation à table.

URBELISE.

O vous, jeunes Beautés, qui faites l'ornement de ma Cour, célébrez l'arrivée de Lanval par des jeux, des danses & des festins!

ARLEQUIN.

Oui, des festins sur-tout. Que ce dernier mot est bien dit! Soyez tranquille, Madame, je ferai honneur au festin.

(Lanval & Urbélise vont à une table dressée au fond du Théatre. Arlequin rode tout au tour de la table, & se saisit tantôt d'une chose, tantôt de l'autre. On danse sur le devant de la Scène. Au milieu du Ballet, Arlequin s'avance parmi les Danseurs; une Danseuse lui présente la main, & il danse un Ménuet. Le Ballet continue. Ce Ballet doit être d'un demi quart d'heure environ.)

LANVAL, *après le Ballet, s'avançant avec Urbélise.*

Quoi, Urbélise, quel ordre cruel! Vous exigez que je vous quitte, lorsqu'à peine j'ai goûté le bonheur de vous voir?

URBELISE.

La gloire vous appelle à la défense de la Reine. Le cruel Alfard, guidé par sa jalousie, vient l'attaquer lorsqu'elle est presque sans défense. Volez au secours du Comte de Clarence, votre ami, qui, sans vous, avec le trône où il est prêt de s'asseoir, perdrait peut-être aussi le jour. Je connais l'injustice de votre Reine envers vous ; mais quelque ingrat que puisse être un Monarque, le Sujet qui l'abandonne quand son bras lui devient nécessaire, est mille fois plus coupable.

LANVAL.

Dicté par vous, que mon devoir devient cher à mon cœur !

URBELISE.

Allez, Lanval, & revenez triomphant. Que vos ennemis rougissent de leurs honteux complots ! que le plus brave des Chevaliers devienne aussi le plus célèbre & le plus aimé, & forcez l'envie même à célébrer votre vaillance & votre générosité ; mais au sein de la victoire, n'allez pas oublier les serments de l'amour.

LANVAL.

Urbélise, que ce doute pèse à mon cœur.

URBELISE.

La crainte est toujours compagne d'une ardeur véritable.

LANVAL.

Ma conduite saura la dissiper.

URBELISE.

Et sans cet espoir pourrai-je consentir à votre éloignement ?

LANVAL.

Que votre absence va m'être cruelle !

URBELISE.

Eloigné de moi, mon image peinte sur votre bouclier, me rendra toujours présente à

vos regards. Si vous trompiez mes vœux, cette image à l'inftant fuivrait les changements que j'éprouverais moi - même, & vous les retracerait au moindre defir que vous témoigneriez d'être inftruit de mon fort. Il dépend de vous que ce portrait refte toujours dans le même état.

LANVAL.

Je jure.

URBELISE.

Laiffez ces vains ferments , ils ne conviennent qu'aux amants vulgaires. Partez, votre cortége vous attend. Les vaillants guerriers que je vous confie, feront fidèles à fuivre vos étendarts, tant que vous ferez fidèle vous - même. Adieu, Lanval, adieu ; n'oubliez point qu'Urbélife a remis en vos mains fon bonheur & fa vie.

LANVAL.

Moi ! l'oublier ? ah ! je brûle d'être au moment des épreuves, de me fignaler aux champs de l'honneur. J'ai combattu jufqu'à préfent pour la gloire, je vais vaincre pour l'amour,

(Les Danfeurs fortent avec la Fée.)

SCENE VI.

SCENE VI.

ARLEQUIN, FLORINE.

ARLEQUIN.

A Peine arrivé, il faut partir. Je m'accoutumais ici : adieu beau séjour où l'on mange si bien, & tant qu'on veut...

FLORINE ; *elle a à la main la baguette de la Fée.*

Un mot, seigneur Arlequin : (*à part*) Amusons-nous du personnage.

ARLEQUIN.

Il faut que je suive mon Maître.

FLORINE.

Vous avez le tems. Le cortége n'est pas prêt, il faut se dire adieu encore une fois, & puis vous savez les chemins.

ARLEQUIN.

C'est égal ; j'aime à voyager en compagnie, la route me parait moins longue.

FLORINE.

Arrêtez-donc ; j'ai à vous parler de nos affaires.

ARLEQUIN.

De nos affaires ? est-ce que nous avons des affaires ensemble ?

FLORINE.

Votre Maître aime la puissante Urbélise, & il en est aimé.

C

ARLEQUIN.

J'en suis bien aise.

FLORINE.

Vous êtes l'Ecuyer de Lanval ?

ARLEQUIN.

Je suis son *factotum*. Je fais également sa cuisine, & celle de son cheval.

FLORINE.

Savez-vous que lorsqu'un Chevalier aime une belle, l'Ecuyer doit aimer la Demoiselle suivante de la Dame ?

ARLEQUIN.

On ne ma pas dit cela.

FLORINE.

Je vous l'apprends. Comme je sais les usages, je vous permets de me faire votre déclaration.

ARLEQUIN.

Déclaration ? de quoi ?

FLORINE.

De quoi ? d'amour peut-être.

ARLEQUIN.

D'amour !

FLORINE.

Hé oui, d'amour.

ARLEQUIN.

Mademoiselle, je suis très-fâché... vous êtes bien aimable ; mais j'ai juré de ne pas vous aimer.

FLORINE.

Vous avez juré de ne pas m'aimer ? infolent !

ARLEQUIN.

Il ne faut pas vous mettre en colere, Mademoiselle, je fuis marié avec Nifie, & vous fentez bien que vous avez tort d'être venue la feconde. Je n'ai pas deux cœurs, & ma pauvre petite femme a reçu le mien avec le ferment d'être toujours fidèle.

FLORINE.

Cela m'eft égal.

ARLEQUIN.

Arrangez-vous, je vous ai dit mes raifons.

FLORINE.

Je veux que vous m'aimiez, entendez-vous ?

ARLEQUIN.

Vous voulez, eft-ce que cela fe commande ?

FLORINE.

Faites vos réflexions.

ARLEQUIN.

Adieu.

FLORINE.

Où allez-vous ?

ARLEQUIN

Je vais réfléchir, & à mon retour je vous dirai que cela ne fe peut pas.

FLORINE.

Cela ne se peut pas ! Vous me mettez au désespoir.

ARLEQUIN.

M'aimer comme cela à la premiere vue. Vous êtes , Mademoiselle , d'une nature bien combustible.

FLORINE.

Voulez-vous m'aimer ?

ARLEQUIN.

Voilà une drôle de maniere de demander cela !

FLORINE.

Voulez-vous m'aimer ?

ARLEQUIN.

Hé bien ! non.

FLORINE.

As-tu la cruauté de prononcer ce non ; traître , ingrat , déloyal ?

ARLEQUIN.

Je n'aime pas les gens qui me disent des sottises. Au revoir.

FLORINE.

Ne crois pas m'échapper , barbare vainqueur. Puisque je ne puis toucher ton ame, tu vas éprouver l'effet de ma vengeance.

(*Elle touche Arlequin de la baguette , un tronc d'arbre grillé par le devant , sort de dessous terre , & enferme Arlequin. Le Théâtre change en même-tems ; & représente la Forêt.*)

ARLEQUIN.

Ah ! mon Dieu ! mon Dieu ! Mademoiselle, ayez pitié de moi.

FLORINE,

As-tu eu pitié de mes tourmens ? adieu.

ARLEQUIN.

Mademoiselle, écoutez-moi.

FLORINE.

Tu resteras-là , jusqu'a ce que quelque Tigre ou quelque Lion , viennent avec leurs griffes, t'en arracher par lambeaux.

ARLEQUIN.

Revenez, Mademoiselle , je ferai tout ce que je pourrai pour vous aimer.

FLORINE.

C'est la crainte qui t'arrache cette promesse.

ARLEQUIN.

Je ferai comme si je vous aimais.

FLORINE.

Je ne veux plus de ton cœur. Je n'aspire qu'à me venger de ma rivale, de cette Nisie que ton cœur me préfere. Adieu.

ARLEQUIN.

Mademoiselle, ouvrez-moi la cage.

FLORINE.

Tu veux donc en sortir ?

ARLEQUIN.

Si je le veux?

FLORINE.

Hé-bien ! il faut que ce soit toi qui fasse éprouver à Nisie, l'effet de mon courroux.

ARLEQUIN.

Moi ?

FLORINE.

Il faut que la premiere fois que tu verras Nisie, tu lui donnes six grands coups de ta batte, sans lui en dire la raison.

ARLEQUIN.

Jamais je n'aurai ce courage.

FLORINE.

Adieu donc.

ARLEQUIN.

Mademoiselle !

FLORINE.

Décide-toi. Voici l'heure où les bêtes féroces vont venir dans cette Forêt, & elles seront bien aises d'avoir un Arlequin pour leur dîner.

ARLEQUIN.

Hé-bien ! ouvrez-moi la cage.

FLORINE.

Songe à ce que j'exige.

ARLEQUIN.

Je ne l'ai pas oublié.

FLORINE.

Engage-toi par serment.

ARLEQUIN.

Je jure.... quoi ?

FLORINE.

De donner.

ARLEQUIN.
De donner.

FLORINE.
Six coups de ma batte.

ARLEQUIN.
Six coups de ma batte!

FLORINE.
A ma femme.

ARLEQUIN.
Ah! mon Dieu! mon Dieu!

FLORINE.
J'apperçois déjà un tigre.

ARLEQUIN.
A ma femme.

FLORINE.
La premiere fois que je la verrai.

ARLEQUIN.
La premiere fois que je la verrai.

FLORINE.
Songe que si tu t'avises de l'oublier, je
saurai t'en punir.

ARLEQUIN.
Ouvrez-moi donc la cage.

FLORINE.
Que je te tordrai le coup.

ARLEQUIN.
Ouvrez-moi donc la cage.

FLORINE.

Et à ta femme aussi. Prends garde à être fidèle à ton serment.

ARLEQUIN.

Hé ! oui, ouvrez-moi donc la cage.

FLORINE *touche le tronc qui s'enfonce en terre.*

Tu peux partir, je t'ai donné pour rire un échantillon de mon pouvoir, & tremble de me faire prendre de l'humeur. Adieu, M. Arlequin, au revoir.

SCENE VII.

ARLEQUIN.

LE diable vous emporte avec vos façons de plaisanter. On a bien raison de dire qu'il n'y a jamais rien à gagner avec toutes ces sorcieres-là.

Fin du premier Acte.

ACTE II.

(Le Théâtre repréfente le Palais de Clorinde.
La Scène eft à Graduel.)

SCENE PREMIERE.
NISIE, CLORINDE.

NISIE.

AH! Madame, de quels maux fommes-
nous menacés. Ce cruel Alfard vient fondre
fur vos Etats. Graduel eft affiégé. Les citoyens tremblans craignent que la ville ne
foit emportée d'affaut Et dans quel moment
votre ennemi vient il vous attaquer? lorfque
prête d'être unie à votre amant, tout s'em-
preffait à l'envi de célébrer votre bonheur.
Les chants de l'alégreffe publique fe chan-
gent en des cris de douleur. Il n'y a qu'un
inftant que nous étions au comble de la
félicité, & maintenant les horreurs de la
guerre, le défefpoir, la mort nous envi-
ronnent.

CLORINDE.

Ah! ma chere Nifie, ce malheur imprévu
qui fait gémir tous mes fujets qui me font
fi chers, eft prefque un foulagement à la
douleur qui me déchire & me tue. Il fuf-

pend un l imen qui, en me liant d'une chaîne
indiffoluble, allait me condamner à des
pleurs éternels

NISIE.

Qu'ai-je entendu ? le Comte de Clarence
a-t-il cessé de vous plaire ? comment s'est-
il attiré son malheur ? n'est-il pas le plus
empressé & le plus tendre des amans?

CLORINDE.

Je n'ai rien a lui reprocher.

NISIE.

Hier au soir encore , vous me disiez :
Ma chere Nise, le jour de demain fera le
plus beau de ma vie. Je fais la félicité du
feul homme qu je pouvais aimer Je place
Clarence fur un trone où les vertus l'ap-
pellent. Quand je fais tout pour l'amour,
quand je n'écoute que la voix de mon cœur;
je goûte la douceur de voir mon choix juf-
tifié & applaudi par les Grands & le Peuple. La voix de l'envie même fe tait. Aucun murmure ne vient troubler la félicité
dont je goûte les charmes

CLORINDE.

Hélas! Nise, je m'étonne moi même des
mouvemens inconnus qui m'agitent Un
autre ardeur plus tyrannique, plus violent
que le premier, s'est dans un instant em-
paré de mon ame, & la remplit toute entiere. Lanval, le feul Lanval est tout pour
la malheureuse Clorinde.

NISIE.

Dans quel étonnement vous me jettez.
C'est la premiere fois que j'entends le nom
de Lanval; sortir de votre bouche. Jamais
vos regards ne l'avaient distingué. Le
Comte de Clarence seul, occupait depuis
un an toutes vos pensées. Au moment de
l'épouser, vous lui préférez un rival qui
vous est presque inconnu.

CLORINDE.

Plains-moi, ma chère Nisie, il me semble qu'un pouvoir surnaturel m'entraine
malgré moi. Je sens mon injustice envers le
Comte. Je voudrais l'aimer encore, vains
efforts l'on ne commande pas à son cœur.
L'image de Lanval vient se peindre en traits
de flamme à mon imagination troublée. Je
ne vois plus que lui. Le seul Lanval peut
faire mon bonheur; mais, Nisie, dis-moi,
crois-tu qu'il m'aime jamais. Plus rappro-
chée de lui par ton état, tu peux le con-
naitre mieux que moi. A . . . quelqu'a-
mante qu'il pût me préférer ? Il en a sans
doute, il doit inspirer le même amour à
toutes celles qui auront le bonheur de le
voir. Ah ! plût au ciel qu'il fût abandon-
né de la Nature entiere ! quel plaisir j'au-
rais à réparer les injustices du sort, à lui
offrir mon empire & mon cœur ! eh ! quoi-
que je fisse pour lui, je n'en ferais jamais
assez. Tu ne me réponds pas, ma chere Nisie.
Le sort de ta maitresse, ne peut il au moins

exciter en toi les sentimens d'une tendre
pitié? parle, tu connais Lanval?

NISIE.

Oui, Madame, j'ai plaint son infortune
quand vous l'avez condamné sans l'entendre. Je l'ai vu partir sans se plaindre. J'ai
gémi d'un malheur qui retombait sur moi.
Mon Epoux est son Ecuyer. Il m'a quittée
pour le suivre. J'ai consenti à une sépara-
tion cruelle; mais Lanval était malheureux,
sans fortune: lorsque tout l'Univers l'aban-
donnait, n'était-ce pas à un serviteur fidèle à lui donner des preuves d'un zèle in-
violable?

CLORINDE.

Il en sera récompensé par le bonheur
d'être toujours auprès de lui. Mais éclaircis
mon destin: crois-tu que Lanval puisse devenir sensible pour moi? N'ai-je point à
craindre qu'une rivale... Tout mon cœur
se trouble à cette pensée. Je sens que je
la haïrais, que je me vengerais. Quel ra-
vage une flamme funeste fait-elle dans mes
sens boulversés! je ne suis plus à moi,
Nisie, je suis emportée par une passion fatale. Ah! je le sens, il n'est point d'ex-
trémités où mon désespoir ne puisse m'en-
traîner.

NISIE.

Que veux cet étranger qui s'avance vers
nous?

SCENE II.

NISIE, CLORINDE, un HERAULT d'ARMES.

LE HERAULT.

MAdame, Alfard mon maître, dont vous avez dédaigné les vœux, vient venger l'outrage qu'il a reçu de vous. Le brave Comte de Clarence, malgré sa valeur, n'a pu lui opposer qu'une inutile résistance. Graduel va être réduit en cendres. Il dépend de vous de le sauver. Réparez vos torts en acceptant la main de mon maître. Il attend votre réponse aux pieds des murs. Il ne vous donne qu'un instant pour vous décider.

CLORINDE.

Dis à Alfard que l'ame de Clorinde est au-dessus des caprices du sort. Alfard peut me vaincre, me faire sa captive ; mais jamais son épouse. Je ne donnerai ma main qu'à celui qui régnera sur mon cœur, & je haïrait toujours l'insolent Alfard. Sors, va porter ma réponse à ton maître.

SCENE III.

NISIE, CLORINDE.

CLORINDE.

IL ose peut-être attendre de mon infortune & de ses menaces, une main que je refusai toujours à son respect & à ses soumissions. Lui, me plaire ! lui ! ce cruel ennemi de ma famille, lui qui ne respira jamais que pour ma ruine ! Ni ses armées suivies de la victoire, ni la crainte, ni la mort même, rien n'arrachera Lanval de mon cœur. Lui seul doit y régner toujours, & sans partage. Lui seul peut faire mon bonheur. Ah ! malheureuse. A quel égarement abandonnai-je mon ame ? je m'occupe de mon amour, quand tout mon peuple va peut-être devenir la victime des fureurs d'un barbare. Ah ! courons le défendre, courons finir du moins une vie empoisonnée par le malheur. Ma présence peut rendre le courage à mes soldats abattus. Ah ! si je sauve la vie au dernier citoyen, je béniral l'instant de mon trépas.

SCÈNE IV.

{ *Le Théâtre repréfente les murs de Graduel.*
Une porte de Ville au milieu. Les couliffes
de côté font garnies d'arbres.)

ALFARD *à fes Soldats, après une Marche*
guerriere.

SOldats, je mets pour un moment un
frein à votre mâle courage. Je brûle plus
que vous, de me baigner dans le fang de
ces fiers Bretons. Ils ont trop retardé l'inftant de ma jufte vengeance. Si l'orgueil-
fe Clorinde ne vient à l'inftant même réparer fes outrages : j'abandonne cette Cité à
toutes vos fureurs. Portez la flamme & le
fer au fein de ces murs. Je vous guiderai
moi - même au milieu des dangers, & je
jure de punir comme un traître, celui qui
dans ces momens d'horreur, tenterait d'im-
plorer ma clémence pour des ennemis vain-
cus, ou qui céderait pour eux aux mouvemens d'une indigne pitié.

SCENE V.

ALFARD, CLORINDE, NISIE,
Soldats de Clorinde. Soldats d'Alfard.

ALFARD.

LA porte s'ouvre. Que vois-je, Clorinde ?

CLORINDE *est entrée après ses Soldats.*

Ton Ecuyer n'a pas osé venir te rendre
ma réponse ; je te l'apporte moi-même. As-
tu pu croire Alfard, que l'on craignit jamais un ennemi que l'on méprise. La nature put refuser la force à mon sexe, mais
elle lui donna une ame aussi fière qu'au
tien. Je viens avec ce peu de soldats qui
me restent, mourir sous ces murs, ou punir ton arrogance. Il en coûte à mon cœur
de voir nos sujets innocens, victime d'une
injuste querelle. Je fais taire la haine que
ton aspect m'inspire. Retourne en tes Etats.
Je t'offre la paix. Mérite mon estime, s'il
est possible, & ne nous force pas par l'excès du désespoir de devenir aussi cruels que
toi.

ALFARD.

Vous m'osez braver, fière Clorinde,
lorsque d'un seul geste je puis donner le signal des combats, & rendre au néant ce
vain

vain peuple qui vous environne. Ce sont vos dédains qui m'ont rendu cruel. Mon cœur était né pour la vertu, sans doute : vous l'avez aigri pour jamais. Ne l'irritez point par d'outrageans refus, & craignez qu'à la fin mon amour indigné ne fasse place à la haine. Cédez, il est tems d'appaiser un courroux que je retiens avec peine ; mais ce moment passé, je ne réponds plus des excès où pourra se porter ma trop juste fureur.

CLORINDE.

Ce langage dévoile à mes yeux ton ame toute entière. Ta féroce audace ne vient que de notre faiblesse apparente ; mais si le ciel protége l'innocence contre les attentats du crime, tremble inhumain de recevoir bientôt le juste salaire de tes atrocités. Je lis dans tes regards ton avide impatience de te baigner dans notre sang. Viens, une femme armée par la justice de sa cause, ose te défier, & si la force peut seconder sa fureur, l'Univers va être délivré d'un monstre dont l'existence est son opprobre.

D

SCENE VI.

ALFARD, LE COMTE DE CLARENCE, NISIE, SOLDATS.

CLARENCE.

Barbare l ~rmé contre une femme ? si le foin de défendre la Ville, ne m'eût entraîné ailleurs ! Tu ferais déja puni de ton infolence. C'eft fur moi que doivent tomber tes coups. Madame, éloignez - vous, ce Spectacle n'eft pas fait pour vos yeux. Remettez à mon bras le foin de votre vengeance.

ALFARD.

Viens, je t'attendais, fuperbe rival, que je brûle d'immoler. Laiffe les difcours, & fi tu ne cueillis jufqu'à préfent que des lauriers ftériles, viens rendre ta fin glorieufe, en mourant de ma main.

(Ils fe portent quelques coups de fabre, & font féparés par les combattants qui fe mêlent. Le parti d'Alfard l'emporte. Les Guerriers quittent le Théâtre en fe battant.)

SCENE VII.

CLORINDE, NISIE, *fur le devant de la Scêne.*

CLORINDE.

O Dieux ! mes Soldats cédent la victoire au parti d'Alfard. Je mourrai ; mais je ne ferai pas fa captive.

SCENE VIII.

HIRON, CLORINDE, NISIE, *avec quelques Soldats.*

HIRON.

Madame, Alfard l'emporte ; mais j'ai raffemblés quelques Serviteurs fidèles qui viennent expirer à vos côtés, plutôt que de fouffrir que cet arrogant vainqueur vous enchaîne à fon char de triomphe.

SCENE IX.

ARLEQUIN, CLORINDE, NISIE, HIRON, Soldats.

ARLEQUIN *a Cheval.*

Voilà Lanval, voilà mon maître accompagné de braves Guerriers qui vont donner

fur les oreilles à ce maraud d'Alfard qui
fait trop fon fanfaron.

CLORINDE.

Lanval !

ARLEQUIN.

Oui, Madame, c'eft lui-même.

NISIE.

Ecoute donc Arlequin.

ARLEQUIN.

Je me fauve, je n'aime pas les querelles.
Je reviendrai quand ça fera fini, pour affif-
ter à l'enterrement d'Alfard.

NISIE.

Arlequin Arlequin !

ARLEQUIN.

Sauve qui peut. Je veux me conferver
pour chanter la victoire. Je m'enfuis, je
ne ferais qu'embarraffer les autres.

SCENE X.

CLORINDE, NISIE, HIRON, Soldats.

CLORINDE.

OUi, je jure de donner mon trône &
ma main à celui qui vaincra ce farouche
Alfard. Amour! c'eft-toi qui ramène Lanval;
fais qu'il triomphe, & que le plus beau de
mes jours naifle du comble de mon infortune.

SCENE XI.

ALFARD, CLORINDE, NISIE,
HIRON, SOLDATS.

ALFARD, *arrivant à la tête de ses
Soldats.*

RENDEZ - VOUS fière , Clorinde. Le
Comte est dans mes fers , vos Soldats sont
défaits. Ne poussez pas à bout un vainqueur irrité.

CLORINDE.

Tremble à ton tour; le ciel m'envoie
un vengeur.

ALFARD.

Le ciel tenterait en vain de vous défendre. Il ne vous reste d'appui que dans
ma clémence. Quel téméraire , en s'armant
pour vous , oserait s'avancer à la mort.

SCENE XII.

ALFARD , CLORINDE , NISIE ,
LANVAL, HIRON, SOLDATS.

LANVAL , *à la tête d'une troupe de
Guerriers.*

QUEL téméraire ? moi, Alfard. Je te
defie en présence de tes Guerriers & des

D 3

miens. Il ne tiendrait qu'à moi de t'arracher la victoire, de détruire l'armée qui suit tes drapeaux, en donnant à mes braves compagnons le signal des combats. Tes soldats sont innocens de ta faute, toi seul dois être puni de ton arrogance ; remettons à nos bras le soin de finir cette querelle ; épargnons le sang du citoyen ; & si Clorinde d'aigne m'accepter pour son Chevalier, j'ose espérer qu'on l'aura bravée pour la derniere fois.

(Il va se mettre aux genoux de la Reine.)

CLORINDE.

Le seul Lanval, en oubliant l'injure, pouvait se montrer capable de tant de générosité. Combattez Lanval, mon sort dépendra de l'issue d'un combat, dont j'ose espérer que vous sortirez vainqueur.

ALFARD.

Je retiens à peine ma colère. Il me tarde d'avoir abaissé l'insolence de cet audacieux. Soldats, que la sûreté du camp soit mutuellement accordée.

LANVAL.

Et quelque soit la fin de ce combat, souvenez - vous qu'il doit terminer une guerre injuste, que les soldats du vainqueur jurent de respecter le parti du vaincu.

ALFARD.

C'est trop de discours ; viens combattre, je t'attends.

MUSIQUE.

*(Les deux troupes se rangent en demi-cercle.
Lanval & Alfard se battent à coups de
sabre, au bruit d'une musique guerrière.
Lanval désarme Alfard.)*

LANVAL.

Si je pouvais jamais te craindre, Alfard,
je t'ôterais la vie. Perds cet orgueil farouche, retourne en tes états, fais le bonheur de tes peuples, apprends qu'on ne
commande pas l'amour, & respecte à l'a-
venir un sexe à qui le ciel n'accorda la
beauté que pour mériter nos hommages,
& dont les bontés ne sont jamais que la
récompense des vainqueurs généreux. Je
n'exige, pour prix de ma victoire, que
la liberté de ceux de nos guerriers que le
sort des armes a mis dans tes fers. A ce
prix je t'offre mon amitié.

ALFARD.

Je suis vaincu, Lanval, mais plus encore par ta magnanimité que par tes armes.
Tu m'apprends quelle est la véritable grandeur. J'accepte ton amitié, & quelque
jour je te prouverai peut-être que j'aurai
su m'en rendre digne.

LANVAL.

Je goûte un plaisir plus pur, plus doux
que celui que donne la victoire. Suis-moi,
Alfard, je vais assurer ta retraite jusqu'aux
barrières du camp. Ta personne m'est sa-

crée, & c'est à moi de veiller sur tes jours.

(*Les Soldats des deux armées sortent par le côté du Roi.*)

SCENE XIII.

CLORINDE, NISIE, *quatre Gardes au fond de la Scene.*

CLORINDE.

O ma chère Nisie, conçois - tu l'excès de ma joie. Tu viens d'être témoin des hauts faits de Lanval. Quel Chevalier jamais se montra plus digne de sa gloire. Je lui dois ma liberté, mon trône ; je lui dois plus encore. Quand le ciel veut qu'il soit mon époux, je lui dois mon cœur, & quel plaisir pour la tendre Clorinde de pouvoir citer avec orgueil le nom de son Amant.

NISIE.

Et le Comte qui vous aime ?

CLORINDE.

Le sort a brisé nos nœuds. S'il m'aimait, c'était à lui de vaincre Alfard. Il ne l'a pas fait ; il ne mérite plus mon trône, ni mon cœur ; mais rendons-lui plus de justice. Il est généreux, son ame est faite pour reconnaître l'ascendant des vertus de

Lanval. Il peut envier fon bonheur; mais il ne peut qu'applaudir à mon choix.

NISIE.

Le cœur d'un amant ne connaît d'autres loix que celles de fon amour; mais je fuis loin de vous blâmer. J'eftime Lanval, vous êtes devenue fa conquète, vos fermens vous nomment fon époufe, & tout l'appelle au trône où vous allez le faire monter.

CLORINDE.

O ma chère Nifie, je fuis au comble de la félicité... Mais Lanval ignore un ferment qui m'enchaîne à lui pour jamais; ce bonheur, fi grand pour moi, paraîtra-t-il le même à fes yeux? Je l'éprouve, le cœur d'une amante n'eft jamais exempt de crainte. Si Lanval, épris d'un autre amour, allait dédaigner l'offre de ma main... Je ne puis y penfer fans frémir. Il vient, fonde fes fentimens. Je ne puis foutenir fa préfence dans le doute affreux qui m'agite. Interroge fon cœur, ne me déguife rien à mon tour. Ah! je le fens, ce moment va décider du fort de la trifte Clorinde.

SCENE XIV.
NISIE.

LA Reine me charge d'un message qui
ne peut être reçu qu'avec transport. Un
Chevalier galant ne refuse pas une épouse
jeune & belle qu'il tient des mains de la
victoire. Eh ! quelle épouse sur-tout, une
Reine ! Ma foi , l'on a beau courir les
aventures , pareille aubaine ne se rencontre
pas deux fois en la vie.

SCENE XV.
NISIE, LANVAL.
LANVAL.

QU'AI-JE appris , Nisie ? La Reine a
promis sa main au vainqueur d'Alfard ?

NISIE.
Oui , Seigneur.

LANVAL.
Cours la rassurer. Je n'abuserai point des
droits de la victoire. Qu'elle épouse le
Comte de Clarence. Je ne veux pas que
le plus beau de mes jours puisse coûter des
pleurs à mon ami.

NISIE.

Un ferment engage la Reine.

LANVAL.

Ce ferment ne peut la lier lorfque je n'exige point qu'elle l'accompliffe. Qu'eft-ce qu'un hymen que le cœur ne fuit point? Je refpecte les loix facrées de la Chevalerie. Elles ne furent jamais d'opprimer la beauté malheureufe. En fauvant Clorinde, j'ai fait ce que j'ai dû faire, & je ferais un barbare fi, brifant les nœuds les plus doux, j'aviliffais ma victoire en la condamnant fans retour à des pleurs éternels.

NISIE.

Ah! que vous connaiffez peu le cœur de Clorinde; fachez heureux Lanval qu'il n'eft rempli que de vous, qu'elle vous adorait au comble de l'infortune, & qu'elle ne chérit fa grandeur, qu'elle vous doit, que parce qu'elle peut la partager avec vous.

LANVAL.

Qu'ai-je entendu? la Reine m'aimerait? Vous vous trompez, Nifie, vous vous êtes méprife aux expreffions de fa reconnaiffance, je ne fuis qu'un fimple Chevalier, je ne méritai jamais qu'elle abaiffât fes regards jufqu'à moi. Ceffez un difcours qui l'offenfe. N'oubliez pas le refpect que vous lui devez, & difpenfez-

moi d'entendre un langage qui blesse également mon oreille & mon cœur.

N I S I E.

Sachez, Seigneur, que je ne vous parle
que par ses ordres.

L A N V A L.

Je ne reviens point de ma surprise.

N I S I E.

Refuseriez-vous la main de la Reine?

L A N V A L.

Un mot seul fera ma réponse; j'aime.

N I S I E.

Et quelle rivale peut mériter la préfé-
rence? Quelle beauté peut le lui dispu-
ter?

L A N V A L, *avec chaleur.*

Quelle beauté? Ah! celle que j'adore
n'a pas besoin des prestiges de la grandeur
pour mériter les hommages de l'univers
Elle est au-dessus de l'éloge comme de la
comparaison. Il suffit de la voir pour l'i-
dolâtrer à jamais.

N I S I E.

La présence d'une Reine jeune & belle,
l'offre d'un trône, sauront dissiper ces il-
lusions d'un frivole amour.

L A N V A L, *avec enthousiasme.*

Qui? moi changer? jamais! l'offre d'un
trône, tous ceux du monde ne sauraient

me rendre infidèle un instant. Ah! pour prouver mon amour, il n'est point de sacrifices que je ne fusse capable de faire. Quoi! je céderais aux faveurs de la fortune. Urbélise! si j'en étais capable, je ne mériterais pas de porter le nom de ton amant.

NISIE.

Urbélise!

LANVAL.

Quel nom vous est échappé?

NISIE.

Celui de cette beauté célèbre que vous venez de nommer vous-même.

LANVAL.

Ah! Dieu!

NISIE.

La Reine revient. Vous fuyez sa présence? Que lui répondre?

LANVAL.

Que mon bras & mes jours sont à elle; que mon respect égalera toujours ma prompte obéissance; mais qu'il n'est plus en mon pouvoir de disposer de ma main ni de mon cœur.

SCENE XVI.
NISIE.

En vérité le Seigneur Lanval extravague, & j'étais bien loin de prévoir sa réponse.

SCENE XVII.

NISIE, CLORINDE, *quatre Gardes au fond de la Scène.*

CLORINDE.

Que dois-je augurer, Nisie ? Lanval s'éloigne à mon approche. Je lis mon sort dans tes regards. L'ingrat ! il me méprise !

NISIE.

Il voit en vous une Reine qu'il respecte, vos ordres seront toujours sacrés pour lui.

CLORINDE.

Mes ordres ! je n'en ai plus à lui donner. Si l'amour se commandait, j'userais peut-être de mon autorité ; mais, Nisie, tu n'auras montré à ses regards que la Souveraine : il ne fallait faire voir que l'amante. L'amour naît de l'égalité. Il fuit les entraves de nos misérables conventions, de nos préjugés chimériques. Lanval est un Hèros, sa valeur l'à rendu mon égal.

Que dis-je, c'est moi qui lui dois tout.
En le plaçant sur mon trône, je ne lui
rends que le bien que je tiens de sa vaillance. Tu n'auras pas su lui peindre ce
que j'éprouve. Il aura cru que j'obéissais
à la nécessité, que je remplissais un serment qui m'afflige, & son cœur généreux
veut dégager le mien ; il fallait lui dire
que le don de sa main était mille fois plus
flatteur, plus précieux pour Clorinde que
toutes les faveurs de la fortune, que je le
préférerais aux plus grands Rois du monde...
Il fallait.... il fallait connaître mes sentimens ; mais tu les connaissais, Nisie, je
ne t'ai rien caché. Pourquoi as - tu trahi
les vœux d'une maîtresse qui fut toujours
ton amie ?

N I S I E.

J'ai dit ce que je devais dire. Rappellez
les sentimens de votre gloire ; ne cédez
plus à une passion qui vous dégrade ; oubliez un amour malheureux.

C L O R I N D E.

Eh! dépend-il de soi d'aimer ou de n'aimer plus ? L'ame remplie d'une passion
brûlante ne désire que l'objet aimé. Que
m'importe mon Trône, cette gloire qui
m'importune. Un désert & Lanval, & je
serais heureuse. Infortunée que je suis !
je ne peux ni ne veux arracher le trait
qui me déchire. Lanval est donc insen-

fible, il ignore donc ce charme qui nous
attire vers un autre être, d'où dépend notre félicité? Il est insensible! il ne peut
l'être toujours. C'est pour la première fois
que ce langage frappe son oreille. Peut-
être a-t-il craint de t'ouvrir son ame?
Peut-être son jeune cœur ne repoussera
pas toujours un amour qu'il fait naître,
peut-être le respect seul l'a empêché en
ta présence de laisser paraitre les sentimens. Ah! quand on aime autant que je
le fais, on a droit d'espérer du retour.

NISIE.

Il m'en coûte de vous affliger. Oubliez
Lanval. Une autre, dit-il, regne sur son
cœur. Il a juré de l'aimer toujours.

CLORINDE.

Une autre règne sur son cœur? Ah!
Nisie, tu viens de prononcer l'arrêt de
mon trépas. Cruelle, que ne me laissais-tu
mon erreur. Tu viens de me ravir l'espé-
rance, tu m'arraches le cœur. C'est une
autre qu'il aime? Mais cette autre l'ai-
mera-t-elle autant que je le fais. Il faut
l'oubl-er, le mépriser, le haïr. L'oublier,
le haïr? Vains desirs d'une amante insen-
sée! Tout ingrat qu'il est, je ne puis
exister que par lui; mais quelle est cette
rivale qu'il me préfère? La connais-je?
Parle, a-t-elle donc tant d'attraits, que je
ne puisse me flatter de l'emporter sur elle?
Parle,

Parle, éclaircis-moi. Que je connaisse mon malheur dans toute son étendue.

NISIE.

C'est Urbélise qu'elle se nomme.

CLORINDE.

Urbélise ? c'est pour la premiere fois que j'entends prononcer ce nom fatal. Quelle est cette Urbélise ? jamais elle ne parut à ma Cour. La renommée aime à publier les charmes d'une belle ; Urbélise est sans appas sans doute, puisque son nom même n'est pas parvenu jusqu'à nous. Qu'on cherche cette Urbélise, je veux la connaître, je veux la voir : qu'elle n'espère pas que mon lâche cœur lui cède impunément la victoire. J'aime avec fureur ; je suis amante & Reine ; je suis outragée : une jalousie dévorante s'empare de tous mes sens ; qu'elle tremble ; il n'est point de terme où ma vengeance puisse s'arrêter. Je sens que Lanval lui-même peut devenir l'objet de ma fureur. Je veux le voir ; c'est de sa bouche même que je veux entendre mon arrêt.

NISIE.

Madame, reprenez des sentimens dignes du rang où le ciel vous plaça ; oubliez à jamais l'ingrat Lanval.

CLORINDE.

Laisse-moi ; tes discours m'importunent ;

E

tu ne connus jamais l'amour. Ah! si tu
pouvais connaître les tourmens d'un cœur
dédaigné, qu'on réduit à détester le jour,
tu sentirais qu'il est impossible d'écouter
les conseils de la froide raison. Lanval est
tout pour moi; sans lui l'univers, tout
disparaît à mes yeux. Il faut que je le flé-
chisse ou que je meure; mais si l'ingrat
me donne une rivale, je ne mourrai qu'a-
près les avoir rendus l'un & l'autre aussi
malheureux que moi, s'il est possible; non,
quels que soient leurs maux, ils n'égaleront
jamais le supplice affreux que j'éprouve.
Qu'ils frémissent les perfides, qu'ils frémissent des justes transports d'une amante
au désespoir.

SCENE XVIII.

NISIE.

SI c'est-là de l'amour, je suis bien heureuse de ne pas en avoir pour Arlequin.
Je l'aime, mais plus doucement, comme
on doit aimer un mari. Il est parti, cela
m'a fâchée; il revient, j'en suis bien aise,
& c'est tout. Mais où donc est-il ce cher
époux? ah! le voici.

SCENE XIX.

NISIE, ARLEQUIN *rode au fond du Théâtre.*

NISIE.

Voyons s'il viendra m'aborder.

ARLEQUIN.

La voilà ma pauvre petite Nifie ; la battre pour premier compliment ! ça me fend le cœur rien que d'y fonger.

NISIE.

Il attend que j'aille à lui la premiere ; point, Nifie, foutenons l'honneur du fexe.

ARLEQUIN.

Non, je ne puis m'y réfoudre ; cette méchante forcière n'eft pas-là. Je prierai Nifie de dire que je l'ai battue, elle voudra bien me faire ce plaifir ; un menfonge ne doit pas être une chofe bien difficile pour une femme. Allons, vaille que vaille, embraffons-la à bon compte. On peut embraffer les gens fans leur parler, ça fe voit tous les jours. (*Il s'avance.*)

SCENE XX.

NISIE, ARLEQUIN, FLORINE.

FLORINE *partant du ceintre.*

ARLEQUIN!

ARLEQUIN, *tremblant.*

Ahie! ahie! je fuis mort : èlle va me tordre le cou, ou me remettre en cage; Madame, par pitié.

FLORINE.

Obéis, ou c'eft fait de toi.

ARLEQUIN.

Ah! que c'eft dur une commiffion pareille! allons, raffermis - toi, mon cœur. Après tout, fix coups de bâton, c'eft bientôt paffé. (*Il regarde d'où la voix eft partie.*) Mademoifelle, tenez-la quitte pour la moitié.

FLORINE.

Non, point de grace.

ARLEQUIN.

Ah! mon Dieu! mon Dieu!

NISIE.

Il rode pour voir fi je ferai les avances; n'ayons pas l'air de prendre garde à lui.

ARLEQUIN *fait les mêmes lazzis qu'il a déja faits.*

Elle ne s'attend pas à ce régal.

N I S I E.

Comme c'est lent un mari !

ARLEQUIN, *lui donnant un coup de batte.*

Bon jour, Nisie.

NISIE, *lui rendant un soufflet.*

Ah ! scélérat, est-ce ainsi que tu m'accostes ?

A R L E Q U I N.

Ma bonne petite Nisie, il n'y en a plus que cinq.

N I S I E.

Misérable !

A R L E Q U I N.

Allons, puisque je suis en train. (*Il lui donne encore un coup de batte.*) Reste à quatre, ma bonne amie.

N I S I E.

Ah ! traître ! que t'ai-je fait pour me traiter ainsi ?

A R L E Q U I N.

Je t'aime de tout mon cœur. (*Un coup de batte*) Réjouis-toi : voici la moitié de la besogne faite.

E 3

NISIE.

Arlequin, es-tu fou ?

ARLEQUIN.

Non, non, je suis dans mon bon sens.
(*Il lève le bras pour la frapper.*)

NISIE.

N'y viens pas, ou je t'arrache les yeux.
(*Elle se recule*)

ARLEQUIN *s'avance vers elle.*

A présent que c'est commencé ; (*Il lui donne un coup de batte.*) bon, plus que deux.

NISIE.

Au meurtre ! au voleur !

ARLEQUIN.

Ne crie donc pas ; prête-toi à la cir-constance.

NISIE.

Infâme ! (*Comme Arlequin vient à elle, elle s'enfuit.*)

ARLEQUIN.

Ne cours donc pas si vîte, je ne pour-rai pas te joindre. (*Ils courent autour du Théâtre ; Arlequin l'atteint d'un coup de batte.*) Au dernier.

NISIE, *s'arrêtant.*

Et tu crois que je me laisserai maltrai-ter impunément ?

ARLEQUIN, *lui donnant le sixieme coup.*

C'est fini , embrasse - moi , ma bonne amie.

NISIÈ.

T'embrasser !

ARLEQUIN, *à genoux.*

Hé bien ! je te demande pardon.

NISIE.

Voilà les hommes ! ils nous insultent, nous outragent , & croient en être quittes après pour quelques légères excuses. Adieu, traître , lâche époux, je t'abhorre, je te déteste. Je vais porter mes plaintes à la Reine , & tu n'en seras pas quitte à si bon marché.

SCENE XXI.

ARLEQUIN.

GRACES au ciel tout est fini. Courons
après elle pour faire notre paix : elle est si
bonne, ma Nifie, que quand elle m'aura
injurié encore cinq à six fois, elle n'y pen-
sera plus du tout.

Fin du second Acte.

ACTE III.

Le Théâtre représente une Prison.

SCENE PREMIERE.

LE GEOLIER, HIRON.

HIRON, *accrochant le bouclier de Lanval à une coulisse à gauche.*

VOILA donc l'asyle du généreux Lanval ? hélas ! l'infortuné ne l'habitera pas long-temps.

LE GEOLIER.

J'en suis fâché ; un grand Seigneur en prison est une mine d'or pour un Geolier ; il n'y a rien à gagner avec des gueux. Ça ne vaut pas la paille qu'on leur donne : mais, Seigneur, de quel crime Lanval s'est-il donc rendu coupable ?

HIRON.

Tout le monde l'ignore. Il arrive. Il sauve la Reine & l'Etat, & pour récompense on l'arrête, on le condamne, on dresse un échafaud, où il va, dit-on, finir ses jours.

LE GEOLIER.

Il y a là-deſſous quelque choſe que ni vous ni moi ne devons pénétrer ; il a tort, ſi on le punit ; Clorinde eſt équitable ; avant de blâmer les actions des grands, quelques injuſtes qu'elles paraiſſent , il faut connaître le deſſous des cartes : nous autres peuple nous bavardons *ab hoc* & *ab hac ;* nous jugeons ſur les apparences, & rien ne trompe comme cela ; auſſi, pour m'éviter des mépriſes déſagréables, je n'ai pitié de perſonne , & je fais bien : qu'a dit Lanval quand vous l'avez arrêté ?

HIRON.

Rien ; il m'a remis ſon épée ſans ſe plaindre ; la ſeule grace qu'il a demandée, c'eſt qu'on lui laiſsât ſon bouclier ; j'ai cru qu'on pouvait ſans conſéquence lui accorder cette légère faveur.

LE GEOLIER.

Il y a ſur ce bouclier la figure d'une femme qui me paraît jolie; c'eſt ſans doute celle de ſa maîtreſſe. Il m'eſt défendu de laiſſer entrer ici aucune femme telle qu'elle ſoit, vieille ou jeune , laide ou jolie; mais les portraits ne ſont pas conſignés. Son valet Arlequin eſt auſſi priſonnier. J'ai envie de le lui envoyer. Qu'a donc fait ce malheureux ? ſera-t-il puni des fautes de ſon maître ?

HIRON.

Pour celui-là, il mérite son sort; il a battu sa femme.

LE GEOLIER.

Que cela! elle est donc bien susceptible cette Princesse? je bats la mienne toutes les fois que je m'enivre; elle sait à-peu-près le jour, s'y attend & ne dit rien.

HIRON.

Tout cela vient de l'habitude; apparemment que la femme d'Arlequin n'y était pas accoutumée, elle a porté sa plainte au Tribunal. On a donné, d'après son récit, une mauvaise tournure à la chose. Nifie est jolie; Arlequin est sans protecteur, je ne voudrais pas être à sa place.

LE GEOLIER.

Ni moi non plus. Pour rendre la cérémonie plus imposante, on pourrait bien lui faire partager le sort de son maître. Ah! ah! voici Lanval qui sort du Tribunal; dès qu'on le renvoie en prison, son affaire ne sera pas longue.

SCENE II.

LE GEOLIER, LANVAL, HIRON.

LANVAL, *voyant son bouclier, à Hiron.*

VOUS m'avez accordé la demande que je vous avais faite, je vous remercie de votre bonté. Pardon, si je ne puis vous témoigner autrement ma reconnaissance.

HIRON.

Seigneur, j'ai eu le bonheur de vous être utile, je suis trop récompensé.

LE GEOLIER.

Vous pourriez vous ennuyer tout seul; je vais vous envoyer Arlequin; deux malheureux se consolent ensemble, & par ma foi c'est ce que vous avez de mieux à faire, l'affliction n'est bonne à rien & ne remédie à rien.

SCENE III.

LANVAL.

VOILA donc quelle est ma destinée? Quand la calomnie m'accuse, quand l'injustice me condamne, aucune voix ne s'élève pour me défendre. Que Clorinde, en proie à une paffion fatale, égarée par une jaloufie aveugle, jure ma perte dans fon délire, je la plains & je l'excufe; un jour fes yeux ouverts à la raifon donneront des larmes à mon trépas; mais que l'on me fuppofe des crimes imaginaires, qu'on écoute les cris de la haine, qu'un Tribunal vendu à mes perfécuteurs prononce un arrêt infâmant qui m'ôte l'honneur avec la vie, c'eft ce que mon efprit étonné ne conçoit qu'avec horreur; mais aucun ami ne vient prendre part à ma peine. Eh! quoi tout m'abandonne, & Clarence, Clarence, que j'ai tant aimé, pourrait-il s'applaudir du malheur d'un rival? Non, non, c'eft lui faire injure. (*Voyant Arlequin.*) Ah! voilà le feul ami qui me refte.

SCÈNE IV.

LANVAL, ARLEQUIN.

LANVAL.

TU viens confoler ton pauvre maître?

ARLEQUIN.

Je viens chercher des confolations auprès de vous.

LANVAL.

Tu pleures fur mon fort?

ARLEQUIN.

Ah ! je pleure bien aussi sur le mien.

LANVAL.

Un Tribunal injuste vient de me condamner,

ARLEQUIN.

Mon affaire est faite à ce qu'ils m'ont dit.

LANVAL.

Serais-tu la victime de mon infortune ?

ARLEQUIN.

Non ; on m'a fait l'honneur de me condamner pour mon compte. Votre affaire & la mienne sont deux affaires différentes, & vont, dit-on, se terminer tout de même ; ça me fait un chagrin, un chagrin, que je ne puis vous l'exprimer.

LANVAL.

Comment ?

ARLEQUIN.

Nise veut être veuve.

LANVAL.

Que lui as-tu fait ?

ARLEQUIN.

Une misère ; six petits coups de bâton que je lui ai donnés le plus joliment que j'ai pu pour contenter la soubrette de la

Fée. Nifie n'a pas voulu fe prêter à la circonftance ; elle a porté fes plaintes, on n'a pas écouté mes raifons, & la converfation entre les juges & moi s'eft terminée en me difant d'arranger mes affaires, que je partirais ce foir pour l'autre monde. Ah ! maudit voyage ! jamais je n'avais eu moins d'envie de te faire qu'aujourd'hui. Eft-il poffible que l'on contrarie les gens comme cela ?

LANVAL.

O toi, ma chère Urbélife, toi pour qui je vais perdre la vie, la renommée en t'apprenant ma trifte fin, t'apprendra peut-être auffi les crimes dont on va flétrir ma mémoire.

ARLEQUIN.

Cruelle Florine ! tu m'as fait perdre l'amitié de ma femme, tu m'as brouillé avec la juftice qui en ufe bien malhonnêtement avec moi, viendras-tu me tirer de l'embarras où je fuis ?

LANVAL.

Que fais-tu à préfent, ma chère Urbélife, foupçonnes-tu le deftin de ton amant ?

ARLEQUIN.

(*Il va prendre le bouclier & le confidère.*)

Bath ! elles penfent bien à nous l'une & l'autre ; elles font peut-être occupées à fe mocquer de quelques pauvres chevaliers qui feront comme nous les dupes de leurs politesses intéressées. Qui croirait cependant qu'un si joli visage serait capable d'une perfidie aussi atroce?

LANVAL.

Malheureux, garde-toi d'accuser Urbélise; c'est moi seul qui me suis attiré mes malheurs par mon indiscrétion; j'ai nommé celle que j'aime malgré sa défense. Ah! qu'elle ne soit pas la victime d'un crime involontaire que tout mon cœur déteste; que je sois puni seul, & je bénirai l'instant qui terminera ma vie. Urbélise! tu n'entends plus ma voix: ce bouclier en m'offrant ton image, m'offre des traits enchanteurs & muets qui ne m'apprennent rien, qui ne dissipent point ma cruelle incertitude. (*Il se détourne du bouclier avec douleur.*)

(*Le bouclier change & représente une tête de vieille. Ce changement se fait au moyen d'un store. Le portrait de la Fée est peint sur un taffetas; celui de la vieille sur le fond. A la réplique Arlequin lâche le cordon du store; le taffetas se roule, & laisse voir l'autre portrait*)

ARLEQUIN.
Ah! Monsieur, Monsieur!

LANVAL.
Pourquoi ce cri?

ARLEQUIN.

ARLEQUIN.

Regardez le bouclier. Ah ! comme la voilà devenue laide ! (*Il pose le bouclier près d'une coulisse.*)

LANVAL.

Voilà mon ouvrage !

ARLEQUIN.

Ah ! si elle eût été comme cela ce matin, nous ne serions pas où nous sommes.

SCENE V.

ARLEQUIN, LANVAL, URBELISE, *sans être vue.*

URBELISE.

Lanval, tu vois les fruits cruels de ton indiscrétion, mon pouvoir est détruit, mes charmes sont effacés, tu ne peux plus me voir : c'est pour la dernière fois que ma voix peut encore se faire entendre à ton oreille, & je viens te sauver.

LANVAL.

Me sauver ?

ARLEQUIN.

'A la bonne heure ; c'est à ceux qui ont fait le mal à le réparer.

F

URBELISE.

Ecoute - moi, Lanval, les momens me
font chers ; une feule reffource te refte
pour fauver ta vie : la Reine irritée te pardonnera fi tu me livres entre fes mains;
ta volonté me rendra ma première forme
pour un inftant; je l'emploierai pour m'offrir à fes regards, mon fang fuffira pour
l'appaifer , & tes fers feront brifés pour
jamais.

LANVAL.

Urbélife ! qu'ofez-vous me propofer ?

URBELISE.

Apprends l'arrêt irrévocable d'un pouvoir au-deffus de mes enchantemens. Si
quelque fecours étranger vient brifer ta
chaîne, nous fommes réunis pour toujours;
mais fi l'univers nous abandonne, il faut
que l'un de nous deux termine fa carrière
pour rendre à l'autre fa première exiftence.

LANVAL.

Urbélife ! le cœur de Lanval fe rouvre
au bonheur ; ce n'eft plus avec crainte,
c'eft avec tranfport que je verrai arriver
l'inftant de mon trépas.

ARLEQUIN.

Il eft fou.

LANVAL.

Tu connaîtras enfin fi Lanval favait t'aimer.

URBELISE.

Arrête, Lanval, laisse-moi périr.

LANVAL.

Tu verras, ma chère Urbélise, qu'il n'est point de sacrifices, quelque grands qu'ils puissent être, qui coûtent au véritable amour.

URBELISE.

Adieu Lanval, on m'entraîne ; adieu, tu ne m'entendras plus.

SCENE VI.

ARLEQUIN, LANVAL.

ARLEQUIN.

Madame, ne l'écoutez pas ; revenez ; ou si mon maître a perdu la tête, envoyez Mademoiselle Florine prendre ma place.

LANVAL.

Arlequin, mon cher Arlequin, conçois-tu ma félicité ?

ARLEQUIN.

Non, le diable m'emporte ; mais vous, concevez vous l'excès de mon guignon ?

F 2

LANVAL.

Je vais périr pour celle que j'idolâtre,

ARLEQUIN.

On va m'expédier pour avoir obéi à celle
que je n'aimais pas.

LANVAL.

Je t'ai offensé, Urbélise, en osant te
nommer. Ah! peut-on aimer & n'avoir pas
sans cesse devant les yeux, dans le cœur
& sur les lèvres le nom de celle qu'on
adore.

ARLEQUIN.

Ah! mon cher maître, faites ce qu'elle
vous a dit. On peut toujours, quand on
est jeune, trouver à faire une maîtresse;
mais si vous vous laissez couper la tête,
on aura beau chercher parmi toutes les
têtes, on en trouvera aucune qui puisse
remplacer la vôtre.

SCENE VII.

ARLEQUIN, LANVAL, LE GEOLIER.

LE GEOLIER.

SEIGNEUR, le Comte de Clarence veut
vous voir.

LANVAL.

Le Comte de Clarence !

LE GEOLIER, à Arlequin.

L'ami, ces Meſſieurs veulent encore ja-
ſer un inſtant avec vous : ſuivez-moi.

ARLEQUIN.

Qu'ils ſont donc bavards ces gens de
la juſtice ! peut-être me font-ils venir pour
me demander excuſe ; c'eſt cela : allons,
paſſez devant, je vous ſuis.

SCENE VIII.

LANVAL, CLARENCE.

LANVAL.

C'EST vous, Clarence ?

CLARENCE.

Ma préſence vous étonne, Lanval ? vous
faites, ſans le vouloir, le malheur de ma
vie : la Reine vous préfère, ſon dédain
fixe mon ſort ; mais je ne veux pas que
l'on puiſſe jamais croire que Clarence,
aveuglé par ſa jalouſie, ait conſpiré la perte
d'un rival qu'il eſtima toujours.

LANVAL.

Comte, vous êtes chevalier comme moi ;
je vous ai vu dans les champs de la gloire :
un généreux guerrier ignore l'art perfide
de ſe venger par une baſſeſſe. Ce n'eſt

F 3

point au glaive de Thémis, c'est à son bras qu'il remet le soin de sa vengeance.

CLARENCE.

Ignorez-vous le fort qui vous attend ?

LANVAL.

Il est affreux peut-être ; injustement condamné, un supplice fait pour le crime va terminer mes jours ; mais mon destin qui excite votre généreuse compassion, loin d'être un tourment pour moi, est le seul bonheur auquel j'ose aspirer.

CLARENCE.

Quel langage ! votre haine pour Clorinde est-elle donc si grande ?

LANVAL.

Moi, la haïr ! connaissez mieux mon cœur : elle est ma souveraine, je suis son sujet, je la respecterai jusqu'au dernier moment de ma vie : enfin, Seigneur, ce que j'ai fait pour elle, je le ferais encore. Maîtrisée par une passion brûlante & malheureuse, victime d'une jalousie dont elle rougira un jour, elle a chargé du soin de sa vengeance un tribunal injuste, vendu à mes ennemis. La tardive vérité viendra justifier ma mémoire ; on pleurera sur la tombe de celui qu'on accuse sans preuves, & le remords de mes juges cruels leur fera éprouver un supplice plus lent & plus affreux que celui que je vais subir avec joie.

CLARENCE.

L'injustice relève votre courage : c'est à ces marques, Lanval, que l'on reconnaît un grand cœur. Les vrais citoyens gémissent sur votre destinée ; ils ne doutent point de votre innocence ; ils ignorent la cause du courroux de la Reine ; mais la foule pense, sur la foi de vos lâches rivaux, que c'est vous qui avez armé Alfard contre Clorinde ; que votre combat avec lui, votre victoire, n'étaient qu'un jeu entre vous concerté. On en donne pour preuve votre générosité envers Alfard : il l'eût immolé au repos de l'état, disent vos ennemis, si ce triomphe simulé ne lui eût assuré le trône ; mais, Lanval, votre magnanimité m'a touché jusqu'aux larmes. Quoi, lorsque Clorinde vous accable, aucun murmure ne vous est échappé contre elle. Vous respectez sa gloire, lorsqu'elle vous ravit la vôtre ! votre conduite augmente son amour ; » allez, m'a-t-elle dit, allez trou-
» ver Lanval, il règne plus que jamais sur
» mon cœur : ce n'est pas sa vie, c'est la
» mienne que je lui demande ; je meurs
» s'il périt ; un mot va le sauver ; qu'il
» m'abandonne cette Urbélise, & tout est
» oublié ; je cours au milieu de ce peuple
» désavouer mes funestes complots, faire
» triompher l'innocence en m'accusant moi-

» même..... » Vous êtes généreux, Lanval, ayez pitié des maux qu'elle éprouve;
c'est l'excès du malheur qui la rend injuste;
rendez-nous la meilleure des Reines , &
rendez-nous les plus grands des chevaliers,

LANVAL.

O digne Comte de Clarence , que vous
acquérez de droits sur mon cœur. Je suis
votre rival , & vous voulez sauver mes
jours. Ah ! je sens tout le prix de votre
amitié , au moment que je vais en être
privé pour toujours : sans mon malheur,
que je n'ai pas mérité, que de doux liens
allaient m'attacher à la vie & me la rendre
chère ! Croyez que le souvenir de votre
générosité vivra dans mon cœur jusqu'au
dernier soupir.

CLARENCE.

Je fais mon devoir, je satisfais mon
cœur, je ne mérite pas d'éloges, je m'immole, je le dois. Clorinde a cessé de m'aimer, je puis en mourir ; mais je renonce
à l'espoir de la posséder contre le vœu de
son cœur. Ce n'est point son trône, c'est
elle que j'aimais ; lorsque son changement
me rend infortuné , je sens que je puis
vouloir son bonheur aux dépens du mien
même. Je ne la connais plus; l'état où un
amour malheureux l'a réduite est plus digne
de pitié que de courroux : ce n'est plus
cette femme dont la beauté était le moindre

de ses charmes ; c'est une triste victime
de la passion la plus funeste qui fut jamais :
égarée, hors d'elle-même, elle peut oser
tout pour se venger d'un refus offensant :
épargnez un crime à son ame autrefois si
pure ; sauvez-la de sa propre fureur, de
l'horreur éternelle d'un remords implaca-
ble. Croyez, mon cher Lanval, que j'aime
mieux serrer moi-même vos liens, que de
la voir flétrir à jamais ses vertus par l'arrêt de votre mort. Ne craignez point de
m'affliger ; c'est moi qui vous conjure, les
larmes aux yeux, d'oublier votre ressentiment, de vaincre un autre amour peut-
être. Eh ! qui mérita jamais mieux que
Clorinde le cœur de Lanval ? Régnez sur
Graduel, rendez nos peuples heureux ;
une ame telle que la vôtre ne peut-elle
s'immoler au bonheur public ? Entourés
d'ennemis à craindre, nos soldats ont besoin d'un chef qui les mène à la victoire ;
nos citoyens ont besoin d'un protecteur,
d'un père ; soyez brave, Lanval, soyez
notre appui, notre héros & notre maître,

LANVAL.

Généreux ami, mon ame est incapable
de ressentiment ; condamné par Clorinde,
je périrai en coupable, j'emporterai au
tombeau le secret de sa haine, involontaire sans doute ; mais laissez-moi subir
mon sort : je suis moins à plaindre que
je ne vous le parais ; le courroux de Clo-

rinde eſt peut-être une faveur pour moi ; & ſi vous m'eſtimez , ceſſez de m'offrir un bonheur auquel je ne puis, ne veux, ni ne dois prétendre. J'aime avec idolâtrie l'objet le plus beau qui ſortit jamais des mains de la nature, & j'ai pu l'offenſer, le réduire au ſort le plus affreux ; mon trépas peut ſeul expier ma faute, & je ne m'avancerais pas avec joie à l'échafaud qui m'attend. Ah ! le chevalier qui ne ſait pas mourir pour celle qu'il adore, eſt indigne également d'inſpirer de l'amour & même de la pitié.

CLARENCE.

Lanval, je prévois le courroux de Clorinde à vos nouveaux refus. L'eſpoir que j'ai oſé lui donner de votre repentir a ſeul ſuſpendu ſa fureur, & vous êtes inflexible ! je ne cherche plus à vous faire changer de réſolution ; mais je ne puis ſouffrir qu'un brave chevalier éprouve le ſort des traîtres ; fuyez ce ſéjour, je puis à force d'or corrompre vos gardiens. Venez, un guide fidèle va conduire vos pas loin des lieux ingrats où l'on conſpire votre perte. Venez, ſuivez-moi, tous les inſtans ſont précieux, & le moindre retard peut devenir irréparable.

LANVAL.

Ah ! Clarence, Clarence, de quels traits vous déchirez mon cœur.

CLARENCE.

Laissez les expressions de votre reconnaissance ; je suis plus heureux que vous, si j'ai le bonheur de sauver vos jours : venez.

LANVAL.

Jamais mon ame ne fut plus émue ; votre générosité me pénètre, & je n'y réponds que par une ingratitude apparente. Plaignez votre ami, Clarence, tel est son sort, qu'il faut que sa destinée s'accomplisse, toute horrible qu'elle est.

CLARENCE.

Qu'entends-je ? quel secret ?...

LANVAL.

Croyez qu'il m'est impossible de le révéler, puisque je le tais à votre amitié.

SCENE IX.

LANVAL, CLARENCE, HIRON.

HIRON.

Seigneur Lanval, le Tribunal assemblé vous attend.

CLARENCE.

C'en est donc fait ?

LANVAL.

Embraffez votre ami ; ma mort fatisfera Clorinde ; elle oubliera la victime qu'elle immole ; elle vous rendra juftice ; elle fera votre félicité.

CLARENCE.

Lanval !

LANVAL.

Dites à la Reine que j'ai plaint fon malheur : elle condamne un innocent, je veux fauver fa gloire ; j'emporte au tombeau le fecret de fa perfécution : adouciffez, s'il eft poffible, l'horreur de fes remords. Adieu, Clarence, adieu.

SCENE X.

CLARENCE.

IL va mourir. Ah ! Dieu : retournons auprès de Clorinde. Ah ! fi l'excès de la douleur dont mon ame eft pénétrée peut prêter à ma voix ces accens qui touchent les cœurs ; non, non l'infortuné Lanval ne périra pas. (*Il fort.*)

SCENE XI.

(Le Théâtre repréfente une place publique ; au fond eft un échafaud dreffé.)

Douze foldats mènent Arlequin ; on lui fait faire un tour de Théâtre ; l'orcheftre exécute une marche lugubre. Quatre gardes portent fur leurs boucliers, l'un un cordon, l'autre un fabre, un troifième une torche, un quatrième un plateau, fur lequel eft un verre & deux flacons. Ces quatre gardes font de front ; les autres font de chaque côté.

ARLEQUIN, LE GEOLIER, SOLDATS.

ARLEQUIN.

Monsieur, c'eft donc pour tout de bon?

LE GEOLIER, *les premiers mots à part.*

Exécutons l'ordre qu'on m'a donné : faifons-lui peur. (*haut.*) Il n'y a pas à en revenir, l'arrêt eft prononcé, il faut qu'il s'exécute.

ARLEQUIN.

Je ne reverrai plus Nifie.

LE GEOLIER.

Elle n'a pas cru que les chofes iraient

ſi loin. Elle a été toute en pleurs demander votre grace, on n'a pas voulu l'écouter; on n'a pas même voulu lui donner la
permiſſion de vous dire le dernier adieu.

ARLEQUIN.

Le dernier adieu !

LE GEOLIER.

On ne badine pas avec la juſtice.

ARLEQUIN.

C'eſt bien la juſtice qui ne badine pas;
eſt-ce qu'elle devrait ſe mêler des affaires
de ménage ? ne pourrais-je pas trouver dans
tout ce monde qui me regarde, quelqu'un
d'honnête qui voulût prendre ma place ?

LE GEOLIER.

On ne ſouffrirait pas cet échange.

ARLEQUIN.

Monſieur, je ne me ſens pas diſpoſé à
mourir aujourd'hui, remettons cela à un
autre jour.

LE GEOLIER.

Je n'en ſuis pas le maître.

ARLEQUIN.

Ah ! mon Dieu, mon Dieu, que j'ai
donc de chagrin.

LE GEOLIER.

Pourquoi tant s'affliger? la vie eſt ſi peu
de choſe.

ARLEQUIN.
Elle est tout pour moi.
LE GEOLIER.
Je ne veux pas plus long-temps jouir de votre peine. Consolez-vous, mon ami ; comme c'est la première sottise que vous faites, la justice vous accorde une faveur bien grande à laquelle vous ne vous attendez pas.
ARLEQUIN.
Est-ce que j'en serai quitte pour la peur ? Sanquedimi, embrassez-moi , je n'ai pas plus de fiel qu'un pigeon, j'oublie tout ; bon soir, mon ami.
LE GEOLIER.
Arrêtez : vous devez sentir qu'on n'a pas fait assembler ces Messieurs pour une bagatelle comme cela. Vous donner votre grace, ça priverait le public d'un spectacle imposant & attendu.
ARLEQUIN.
C'est-à-dire qu'il faut que je sois pendu pour amuser le monde.
LE GEOLIER.
Cela dépend de vous.
ARLEQUIN.
Si cela dépend de moi je ne le serai pas.
LE GEOLIER.
On vous donne le choix de votre supplice.

ARLEQUIN.

Comment le choix ?

LE GEOLIER.

Oui, décidez-vous, on vous offre un cordon bien coulant.

ARLEQUIN.

Nani, nani, point de cordon.

LE GEOLIER.

Aimez-vous mieux un sabre bien affilé ?

ARLEQUIN.

Rengaînez, rengaînez; comme il brille, ça me fait mal aux yeux; je ne pourrai jamais supporter ce supplice, & puis moi je me trouve mal dès que je vois couler mon sang.

LE GEOLIER.

Ah! par exemple, un joli bûcher bien ardent.

ARLEQUIN.

Non, je crains la brûlure comme tous les diables.

LE GEOLIER.

En ce cas, vous accepterez un poison bien subtil : donnez le breuvage.

ARLEQUIN.

M'empoisonnez-vous à l'eau ou au vin ?

LE GEOLIER.

Cela dépend de vous.

ARLEQUIN.

Si c'est une nécessité d'en passer par-là, j'aime mieux que ce soit au vin.

LE GEOLIER.

LE GEOLIER.

Le flacon de Champagne. (*Le Geolier prend un flacon & un verre.*) Avalez-moi cela garçon.

ARLEQUIN, *après bien des lazzis.*

Cette mort est plus douce que je ne le croyais. Quel dommage que ça soit si bon & que ça tue. Allons, un second verre; puisque je suis entrain, je veux m'expédier tout de suite.

LE GEOLIER.

Gardez la bouteille : voici Lanval; adieu mon ami, vous êtes mort.

ARLEQUIN.

Je suis mort ? c'est singulier, je ne m'en suis pas apperçu : allons, achevons d'avaler la douleur; après tout, c'est un chemin qu'il faut toujours faire; je suis bien aise d'en être quitte. (*Il va s'asseoir auprès d'une coulisse sur le devant du Théâtre.*)

SCENE XII.

ARLEQUIN, LANVAL, HIRON, SOLDATS.

HIRON, *à Lanval, qui arrive entouré de Gardes.*

SEIGNEUR, c'est avec douleur que le Tribunal, obéissant aux ordres de la Reine, vient de vous condamner: un seul moyen

G

vous reſte pour obtenir votre grace; il
dépend de vous, dit-on, de livrer entre
nos mains cette Urbéliſe, qui ſeule vous
a excité à trahir Clorinde : indiquez ſa
retraite & vos fers ſont briſés.

ARLEQUIN.

Si je n'étais pas mort, je ſais bien ce
que je lui conſeillerais; mais ça ne me
regarde pas, j'ai mon affaire.

LANVAL.

Je ne le cache pas; Urbéliſe eſt l'inno-
cente cauſe de mes malheurs; elle ſeule
m'a attiré le courroux de Clorinde. Je veux
le croire légitime; je meurs ſans me plaindre de mon ſort, ſans accuſer mes juges :
mais a-t-on cru que tout cet appareil
pourrait épouvanter mon cœur? qui? moi!
je livrerais aux fureurs de ſon ennemie
la malheureuſe victime de mon impru-
dence. Pour m'en punir, je veux bien
périr en coupable à vos yeux. Cet effort
me coûte ſans doute; mais s'il en était
un plus grand, je ſens que je le ferais avec
la même joie.

SCENE XIII.

LES PRÉCÉDENS, LE COMTE DE CLARENCE.

CLARENCE, *accourant.*

ARRETEZ, peuple, arrêtez, Lanval
n'eſt point coupable; le complot le plus

noir a été ourdi contre ce généreux guerrier, à qui vous devez tous votre salut : n'exécutez point les ordres de la Reine, sauvez-la de l'horreur d'avoir puni un innocent.

LANVAL, *s'approchant de Clarence.*

Que faites-vous, Comte, le peuple, qui ne juge que sur l'apparence, va croire que vous vous vengez du mépris de Clorinde. Soldats, éloignez-le, un excès d'amitié l'aveugle, je ne souffrirai pas qu'il se perde pour moi ; oui, peuple, ma mort est juste, j'ose enfin l'avouer ; j'ai trahi Clorinde, & le glaive des loix, en me frappant, la venge justement d'une faute impardonnable.

CLARENCE, *aux soldats qui l'ont séparé de Lanval pendant le couplet précédent.*

Vous me séparez de lui ; vous le laissez périr ! Peuple ingrat qui l'abandonne, tu pleureras un jour en larmes de sang le meurtre odieux de ce jeune héros.

LANVAL, *s'avançant vers l'échafaud.*

Adieu, Clarence, adieu. Urbélile, reçois les derniers vœux de mon cœur.

SCENE XIV.

LES PRÉCÉDENS, ALFARD & *ses Soldats.*

(*Alfard entre précipitam nt l: sabre à la main à la tête de ses Guer:iers, au moment où Lanval est près de l'échafaud: ses Soldats repoussent ceux de la Reine; il embrasse Lanval.*)

ALFARD *entre du côté de la Reine.*

Arretez ! arrêtez !

SCENE XV & dernière.

LES PRÉCÉDENS, URBELISE, CLORINDE, FLORINE, NISIE, COUR DE LA FÉE.

Au moment où Alfard a délivré Lanval, l'échafaud disparaît; la Fée paraît da s un p: lais qui remplace la place publique. Le fond du Théâtre est rempli de gradins qu'occupent les Danseurs; la Fée a à ses côtés Clorinde; elles sont sur un trône plus élevé que les gradins, quatre personnes peuvent y être assises, les soldats sont sur les deux côtés latéraux. Au moment du changement, Lanval est entre les bras d'Alfard & de Cla ence.

URBELISE.

Lanval !

LANVAL.

Urbélise !

URBELISE, *descendue du trône.*

Ta faute est réparée ; ton dévouement magnanime vient pour jamais de fixer ton sort & le mien : mais sans les secours d'Alfard, en recouvrant mes attraits & ma puissance, je perdrais le plus fidèle des amans.

LANVAL.

Alfard, qui a donc pu t'intéresser à mon sort ?

ALFARD.

Ta valeur, ta générosité ; je quittais ces climats à la tête des miens, lorsqu'une vieille femme, en larmes, m'apprend ton horrible destinée. Indigné de l'injustice de Clorinde, je vole avec tous mes soldats, qui partagent & ma fureur & mon impatience. Chaque instant qui s'écoulait me glaçait de terreur ; mais le ciel a permis que j'arrivasse à tems pour sauver mon vainqueur généreux : & la nouvelle jouissance, dont je goûte les charmes, est au-dessus de tous ces faux plaisirs que donnent la grandeur & même la victoire.

URBELISE.

Daignez me pardonner, jeune & belle Clorinde ; pour éprouver mon amant, j'ai un peu troublé le repos de votre cœur ; vous avez droit de vous plaindre.

CLARENCE.

Quoi ! Clorinde.

URBELISE.

Victime d'un pouvoir furnaturel, elle n'a cessé, malgré elle, de vous aimer, quelques instans que pour vous adorer le reste de la vie ; régnez sur son cœur comme sur ses états ; généreux Clarence, vous êtes digne de votre bonheur.

CLARENCE.

Ne me trompe-t-elle point ? est-il bien vrai, Clorinde.

CLORINDE.

Il me semble que je sors d'un long sommeil ; mais aux sentimens que j'éprouve, je crois qu'il est impossible que jamais Clarence ait pu cesser de paraître le même à mes yeux.

URBELISE, LANVAL, CLORINDE, CLARENCE ET ALFARD *vont au fond du Théâtre ; ils prennent place sur le Trône.*

NISIE.

Si tout cela est arrivé par magie, est-ce aussi par magie qu'Arlequin a été forcé de me maltraiter.

FLORINE.

C'est une espiéglerie que je me suis permise.

NISIE.

Ce n'est donc pas à lui que je dois en vouloir ; viens, mon pauvre Arlequin.

ARLEQUIN.

Laisse-moi, Nisie, je suis mort.

NISIE.

Tu es mort?

ARLEQUIN.

Oui, ils me l'ont dit.

NISIE

Eh! non, non, tu es bien vivant.

ARLLQUIN

Ça n'est pas possible; & puis moi je suis bien aise d'être mort, parce que je ne mourrai plus, & si tu veux mourir aussi comme moi, cela vaudra mieux, parce qu'alors nous ne vieillirons pas, & nous serons toujours, toujours, toujours ensemble.

NISIE.

Reviens à toi, Arlequin, je t'assure que tu es aussi plein de vie que moi.

ARLEQUIN.

Est-ce bien vrai, vous.autres?

HIRON.

Vous n'étiez mort que de ma façon; le Geolier n'avait ordre que de vous faire peur; le vin que vous avez bu était des plus naturels, & vous n'avez rien à craindre; cependant si vous vouliez mourir tout de bon.

ARLEQUIN.

Bien obligé; aussi j'avais quelque soupçon que l'on me trompait: après tout, puisque c'eſt ainſi, ce que nous avons de mieux à faire, c'eſt d'oublier le paſſé, de jouir du préſent, & de nous arranger pour couler le plus commodément poſſible le temps qu'il nous reſte à être de ce monde.

*L'orcheſtre exécute une Marche. Les Sol-
dats remplacent les Danſeurs ſur les gradins.
Quand les Danſeurs ſont en place, ils dan-
ſent un ballet analogue qui termine la pièce.*

F I N.

*Lue & approuvée, pour la Repréſentation &
l'Impreſſion A Paris le 4 Décembre 1787.*
Signé SUARD.

Vu l'Approbation, permis de Repréſenter & d'Im-
primer. A Paris, le 6 Décembre 1787.
Signé DE CROSNE.